Tatjana Strobel

WAS BLEIBT, WENN ALLES ANDERS IST?

Tatjana Strobel

WAS BLEIBT, WENN ALLES ANDERS IST?

Was ich am anderen Ende der Welt
über mich selbst gelernt habe

mvgverlag

Bibliografische Information der Deutschen Nationalbibliothek
Die Deutsche Nationalbibliothek verzeichnet diese Publikation in der Deutschen National-
bibliografie. Detaillierte bibliografische Daten sind im Internet über http://d-nb.de abrufbar.

Für Fragen und Anregungen:
info@mvg-verlag.de

1. Auflage 2018
© 2018 by mvg Verlag, ein Imprint der Münchner Verlagsgruppe GmbH
Nymphenburger Straße 86
D-80636 München
Tel.: 089 651285-0
Fax: 089 652096

Lektorat: Dr. Annalisa Viviani
Umschlaggestaltung: Laura Osswald
Umschlagabbildung: Shutterstock.com/Katsiaryna Pleshakova
Satz: Carsten Klein, Torgau
Druck: CPI books GmbH, Leck
Printed in Germany

ISBN Print 978-3-86882-906-8
ISBN E-Book (PDF) 978-3-96121-167-8
ISBN E-Book (EPUB, Mobil) 978-3- 96121-168-5

Weitere Informationen zum Verlag finden Sie unter

www.mvg-verlag.de

Beachten Sie auch unsere weiteren Verlage unter www.m-vg.de.

Für Susanna

*» Wer durch den Schatten geht, kann
das Licht besser wahrnehmen!«*

INHALT

PROLOG

Als ich mich von meinem letzten Kunden verabschiedet und die Tür hinter ihm geschlossen hatte, spürte ich, wie Energie und Kraft meinen Körper verließen, ich fühlte mich wie ein Luftballon, dem die Luft entwich … Ich sackte in mich zusammen, Tränen traten mir in die Augen, rollten mir über die Wangen, tropften auf meine Kleidung. Eine tiefe Trauer überkam mich.

Mein letzter Klient hatte all das, von dem die meisten Menschen träumen. Er hatte studiert, promoviert und sich erfolgreich ein kleines Imperium aufgebaut, das über die Grenzen der Schweiz hinaus einen hervorragenden Ruf genoss. Er war augenscheinlich gesund, fit, attraktiv, hatte eine ihn liebende Frau, zwei reizende Kinder und konnte sich alle seine materiellen Wünsche erfüllen. Doch der Schein trog, wie so häufig … seine Psyche spielte seit geraumer Zeit verrückt. Große Existenzängste plagten ihn, die Last der Verantwortung für seine Familie und seine Mitarbeiter wuchs von Tag zu Tag ins Unermessliche, Selbstzweifel fraßen ihn auf. Nachts suchten ihn diese Gedanken heim, wie Geister, die nur darauf warteten, dass das Licht gelöscht wurde, um ihn zu quälen und ihm den Schlaf zu rauben. Tag für Tag schwanden seine Kräfte, schmolz sein Selbstbewusstsein dahin. Seine Ängste nahmen mehr und mehr Raum ein und wuchsen sich zu Panikattacken aus, die ihm mehrmals in der Woche den Boden unter den Füßen wegzuziehen drohten. Er hatte seine Belastungsgrenze erreicht, wusste einfach nicht mehr weiter.

Tagtäglich hörte ich solche Geschichten, erlebte, wie mir Menschen ihre Ängste, Sorgen und Zweifel offenbarten, wie sie ihre Maske ablegten und wie ihr wahres, verletzliches Ich zum Vorschein kam.

Mir wurde immer mehr bewusst, dass wir alle Teil einer großen Inszenierung, eines großen Theaterstücks sind. Jeder spielt seine Rolle, erfüllt mehr oder weniger die Erwartungen der Familie, des näheren Umfelds, der Gesellschaft. Jeder ist ein Rädchen im großen Getriebe des Lebens ...

Ich war so unendlich müde – von meinem alltäglichen, immerwährenden Trott, müde von den bewegenden Lebensgeschichten meiner Klienten, von der Einhaltung sozialer Normen, von der ständigen Erreichbarkeit, den unzähligen täglichen Einflüssen, und dem Erfolgsdruck, der auch mein Leben bestimmte.

Stets versuche ich, mich selbst zu übertreffen, mich neu zu erfinden, zu lernen, neue Kunden zu gewinnen, die Menschen von mir zu begeistern, mit der Menschenkenntnis zu faszinieren, zu heilen, Sinn und Freude in das Leben anderer zu bringen, den Alltag zu bereichern. Meine Ziele wurden von Jahr zu Jahr größer, mein Lebensstandard höher, meine fixen monatlichen Kosten wuchsen ins Unermessliche, und die Erwartungen an mich nahmen proportional zu. Ich arbeite meist 12 bis 14 Stunden täglich, und in meiner knappen Freizeit treibe ich Sport, gehe auf Reisen, treffe Freunde, widme mich dem Lesen, der Kultur, besuche Weiterbildungskurse, betreibe

Meditation, Selbsthypnose und Shopping. Kurzum: Ich lege Hyperaktivität an den Tag – alles im Schnelldurchlauf: schneller – höher – weiter. Selbstverständlich wollte ich auf Reisen das Land bis auf den letzten Winkel erkunden, und in diesen Pausenzeiten wollte ich auch neue Projekte entwickeln oder gar Bücher schreiben. Natürlich bin ich vor meinen Sommer- und Winterpausen, die ich mir großzügig gönne, so erledigt, dass ich die ersten Urlaubswochen meist mit Schlaf und mit Kurieren von Wehwehchen verbringe.

Zeit für mich und für mein privates Umfeld gibt es kaum – alles wird irgendwo hineingezwängt, ich nenne es Just-in-Time-Management (JIT) –, und ich war bislang stolz auf mein Organisationstalent. Doch die Wahrheit ist, ich»funktionierte« sehr gut, wie so viele meiner Kunden.

Tagtäglich bekam ich den Spiegel vorgehalten und konnte dennoch nichts sehen … Mir wurde immer klarer, dass wir kilometerweit von uns selbst entfernt sind, dass wir wie fremdgesteuert agieren, einem Lebensideal hinterherjagen, das vermeintlich Glück, Zufriedenheit, Reichtum, Ruhm und Anerkennung bringen soll. Doch statt des Lebensheils, kommen wir an unsere geistigen und körperlichen Grenzen, erleben Angst- und Panikattacken, leiden unter Burnout, Depressionen, Prokrastination, Schlafstörungen oder Selbstzerstörung wie mein letzter Kunde. Wir kompensieren diese»Leiden« mit Alkohol, Ess- und Partyeskapaden, Drogen, Medikamentenmissbrauch, Shoppingrausch, Luxustrips oder anderen Aktivitäten, die uns vorübergehend ein Belohnungshoch verschaffen und uns kurzzeitig von unserem Alltag befreien. Doch um welchen Preis!

Es könnte alles paradoxer nicht sein …Wir jetten um die Welt, kennen aber unsere Nachbarn nicht, sprechen mehrere

Sprachen, unterhalten uns aber weniger als zehn Minuten täglich mit den Menschen, die wir lieben. Wir brauchen Urlaub von unserem hektischen, überdynamisierten Alltag und verleben diesen im Aktivitäts- und Abenteuerrausch. Wir wollen verstanden werden, hören anderen aber nicht zu, belegen Lachkurse, um wieder lachen zu können, und Intuitionskurse, um wieder fühlen zu lernen – ein einziges Paradox.

Ich hatte den Kontakt zu meinen Gefühlen, meiner Intuition weitgehend verloren und war im Hamsterrad Arbeit gefangen, das meine Kindheitsprogrammierungen – Helfersyndrom/Anerkennungsdefizit/Leistungsorientierung – befriedigte. Ich war dabei, mich zu verlieren und in der Welt des Überflusses zu versinken.

Es verspürte den Wunsch, zu meinem Ich zurückzufinden, mich auf die Ursprünge der Menschheit zurückzubesinnen und mich neu zu entdecken. Was bleibt, wenn nichts mehr ist, wie es war? Wenn man sich in einem völlig neuen Umfeld, mit neuen Gegebenheiten, neuen Herausforderungen auseinandersetzen muss? Diesen Fragen wollte ich mich stellen.

Ich wollte wieder Schöpfer meines Lebens sein, statt Opfer meiner Lebensumstände!

WENN DIE INNERE STIMME REALITÄT WIRD

Eine verrückte Idee geht in Erfüllung

Doch wie besinnt man sich auf die Ursprünge der Menschheit? Wo liegen diese überhaupt? Etwa in Afrika, der angeblichen Wiege der Menschheit? Oder sollte ich mich lieber für Amerika und ein Abenteuer bei den Indianern entscheiden? Oder für Australien, dessen Ureinwohner, die Aborigines, mich auch immer fasziniert haben. Und was wäre mit Peru und dem Eintauchen in die geheimnisvolle Welt der Schamanen? All diese Ideen schwirrten mir durch den Kopf. Ich musste unbedingt Klarheit gewinnen. Darum gab ich bei Google das Stichwort »Aufenthalt bei Urvolk, Schamanen, Indianern« ein. Die Auslese war nicht besonders üppig: Nur drei Veranstalter boten solche Reisen zu bestimmten Terminen an. Ich schrieb sie an, legte ihnen meine Idee dar und erhielt nur Absagen, mein Vorhaben schien nicht umsetzbar zu sein. Doch so schnell ließ ich mich nicht entmutigen.

Ich musste genau überlegen: Was wollte ich erleben? Warum wollte ich dorthin? Was war der Sinn und Zweck meiner Reise? Was glaubte ich, bei einem indigenen Volk zu finden?

Wann sollte die Reise stattfinden, und wie lange wollte ich mich dort aufhalten? Wie viel Zeit benötigt man, um etwas wirklich zu fühlen, Teil von etwas zu sein? Ich nahm mir ein Flipchart und malte meine Ideen und Wünsche auf.

Meine Vorstellung wurde nach einem mit mir selbst geführten Brainstorming immer klarer: Im Sommer 2017, von Juni bis August, wollte ich während meiner üblichen Sommerpause zehn Wochen lang eine Reise der besonderen Art machen. Abenteuer war der Oberbegriff. Raus aus der Komfortzone, Abwechslung, neue Eindrücke, Konfrontation mit mir selbst, kurzum: ein Adrenalinstoß. Ich wollte herausfinden, ob das Leben in unserer hochentwickelten Zivilisation wirklich so erstrebenswert ist. Wie ein Urvolk, ohne die Errungenschaften der modernen Welt lebt, liebt, heilt – und ob ich fernab vom Luxus der westlichen Welt überhaupt leben konnte. Ich war bereit, bis an meine Grenzen zu stoßen – doch noch ahnte ich nicht, was dies bedeuten sollte.

Den Rahmen hatte ich abgesteckt, dann ging es darum, die Möglichkeit für einen solchen Trip zu finden. Reisebüros »Back tot he roots« gab es leider nicht. Ich musste also selbst aktiv werden.

Mein erster Weg führte mich zu meinem Freund Klaus Sommerfeld, einem Evolutionsbiologen, der das Glück hatte, im Laufe seiner Karriere viele Urvölker für seine Forschungen besuchen und in ihrem Alltag begleiten zu dürfen. An vielen Abenden lauschte ich stundenlang seinen faszinierenden Erzählungen. Ich fühlte mich in meine Kindheit zurückversetzt, als mich die Geschichten von Karl May in ihren Bann zogen. Die Zeit mit ihm und Burga, seiner Frau, verging immer wie im Flug. Klaus würde mir bestimmt wichtige Tipps für meine Vorgehensweise geben und wissen, welche Schritte ich unternehmen sollte.

Er hatte viele Ideen und Kontakte, doch er machte mir klar, dass ein solches Unterfangen niemals in drei Monaten bewilligt werden würde. In den meisten Ländern war eine Bewilligung der Regierung erforderlich. Daran hatte ich nicht gedacht, ich war davon ausgegangen, dass man in wenigen Tagen einen solchen Trip organisieren konnte. Ich ließ aber den Kopf nicht hängen, denn ich war gewohnt, aus meiner »Problemlösungstüte« mindestens zwei oder drei andere Lösungsansätze zu zaubern.

Ich hatte mich noch nie von Urteilen wie »Das geht nicht, unmöglich, hat noch keiner vorher gemacht!« von meinem Vorhaben abbringen lassen, denn alles, was in meinem Kopf bereits eine Form angenommen hat, verfolge ich hartnäckig, und zu 90 Prozent sind die Dinge bislang in Erfüllung gegangen. An den restlichen 10 Prozent arbeite ich noch – es war wohl noch nicht die richtige Zeit, diese Wünsche in die Realität umzusetzen …

Mein zweiter Weg führte mich zu Beat Scheuermeier, meinem langjährigen Freund und Geschäftspartner, einem hervorragenden Kenner der Welt von Naturvölkern und Schamanen. Seit Jahrzehnten holt er die Heiler, die spirituellen Trainer dieser Welt in die Schweiz, lernt bei und mit Ihnen. Er ist einer der liebevollsten und dankbarsten Menschen, die ich kenne.

Kurzerhand trafen wir uns, ich erläuterte ihm meine Ideen, und er befragte mich liebevoll und eingehend über meine Wünsche. Binnen wenigen Tagen schickte er mir viele Vorschläge: Schamanen, Schwimmen mit Walen und Delfinen und so weiter. Doch das Richtige sprang mir bei seinen Anregungen nicht ins Auge.

Auf meinem Lieblingsplatz, der Terrasse meines Hauses auf Mallorca, blickte ich auf das Mittelmeer, beobachtete die Möwen und bat inständig darum, dass mir der richtige Einfall kam. Ich visualisierte meine Idee. Sah mich umringt von vielen Menschen in einer Buschlandschaft, Hütten aus Lehm, gemeinsame Tänze am Lagerfeuer, Feldarbeit, Spielen mit den Kindern. Um mich herum nur Natur. So stellte ich mir den Alltag vor.

Keine zwei Stunden später hatte ich einen plötzlichen Einfall: Barbara Fuhrer, eine gute Bekannte und Kundin, war mit einem kenianischen Politiker liiert, lebte überwiegend in der Schweiz und nahm sich jedes Jahr zwei oder drei längere Auszeiten in Kenia. Ihre Erlebnisse schilderte sie sehr anschaulich in ihrem Blog. Ich las ihn regelmäßig und musste immer herzhaft lachen, wenn sie die Welt der Mijikendas, die extremen Unterschiede zwischen der Schweiz und Kenia beschrieb. Skurril, ungewöhnlich, zum Nachdenken anregend, verstörend, menschlich. Sie konnte zur Lösung meines Reisethemas beitragen.

Kurz entschlossen rief ich sie an. Sie ist eine absolute Powerfrau! Ich kenne niemanden, der so viele Aktivitäten wie Singen, Tanzen, Kultur, Events, Reisen, Freunde, Arbeit als Trainerin und Mentorin unter einen Hut bekommt. Ich nenne sie heimlich Superwoman!

Bereits nach einer kurzen Schilderung meiner Wünsche und Ideen war Barbara Feuer und Flamme. Sie war sich sicher, dass Peter Shehe, ihr kenianischer Partner, als Oberhaupt mehrerer Stämme der Mijikendas, mir bei der Realisierung meines Vorhabens behilflich sein würde. Völlig euphorisiert legte ich den Hörer auf. Bereits am nächsten Tag erhielt ich die Antwort.

In der Nacht wälzte ich mich unruhig im Bett hin und her, zerrissen zwischen Euphorie und Angst vor dem, was auf mich zukommen würde. Als ich am Morgen gerädert aufwachte, sah ich, dass Barbara bereits angerufen hatte. Aufgeregt drückte ich die Rückruftaste, bekam zunächst kaum einen Ton heraus, verschluckte mich fast an meinem eigenen Speichel. Sie nahm sich Zeit, um meine Spannung zu erhöhen, und sagte:»Ich habe mit Peter gesprochen und ihm geschildert, was du in etwa vor Ort erleben möchtest. Er findet deine Idee .... super!« Es dauerte eine Weile, bis ich ihre Aussage realisiert hatte. Dann kreischte ich vor Freude, hüpfte wie ein kleines Kind: Mein Wunsch hat sich gerade »materialisiert«, ich durfte nun in die konkrete Reiseplanung einsteigen und alles mit Peter festzurren. Mein Zielort war Kilifi, Flughafen Mombasa oder Malindi. Wir sprachen noch eine Weile über ihre Eindrücke, über das, was ich mitnehmen musste, natürlich würden wir uns für ein Briefing treffen, sie würde mir eine Liste der nötigen Dinge erstellen. Schließlich hatte sie für ihre Hilfsorganisation Pro Ganze immer mal wieder Praktikanten vor Ort. Ich legte den Hörer auf, schaltete die Musik so laut ein, dass die Fenster im Takt erzitterten, tanzte durch das ganze Haus, stellte mich auf die Terrasse und schrie mein Glücksgefühl in das Mittelmeer hinaus:»Ich fliege nach Kenia, ich werde mit den Mijikendas leben und von ihnen lernen!«

Vorbereitungen einer Reise ins Ungewisse

Diese Reise war schwer zu planen, es war weder eine Badereise noch eine klassische Abenteuertour. Was würde man an einem Zipfel der Welt brauchen, wo alles anders war?

Peter musste mich unbedingt briefen, damit ich wusste, was mich im hintersten Busch von Kilifi erwartete. Über Skype brachte Peter mir seine Landsleute und deren Gewohnheiten sehr anschaulich näher.

Die Mijikendas sind ein Urvolk, das sich infolge von Hungersnöten und Dürren Ende des 19. Jahrhunderts an der Küste Kenias angesiedelt hat. Sie leben sehr ursprünglich im Busch, betreiben Ackerbau, Viehzucht und Handel. Ihr Name bedeutet »die Leute aus dem Hinterland oder die Buschmenschen«. Sie sprechen Swahili, einige Wenige können auch Englisch.

Peter erklärte, mir würde ein Dolmetscher zugewiesen werden, der mich im Alltag unterstützen und begleiten würde. In den meisten Dörfern, die einen Clan oder eine Familie beherbergten, gebe es weder Strom noch fließendes Wasser noch sanitäre Anlagen. Das Dorf, in dem ich wohnen würde, läge 35 Kilometer von der Küste entfernt, im tiefsten Hinterland. Die nächste größere Stadt sei sechs Kilometer, das nächste Krankenhaus 30 Kilometer entfernt. Feste Straßen und Fahrzeuge Fehlanzeige. Das Fortbewegungsmittel der Wahl seien die eigenen Füße. Das Dorf zähle etwa 70 Bewohner, davon 50 Prozent Kinder unter zwölf Jahren, eine einzige Familie. Das Stammesoberhaupt, ein über die Grenzen hinaus bekannter Heiler, habe fünf Frauen und über fünfzig Kinder. Alle würden dem Islam angehören und den Glauben praktizieren, so gut es ihnen möglich sei. Gelebt werde in Lehmhütten, zehn bis fünfzehn Menschen würden auf 15 bis 20 Quadratmetern leben und auf geflochtenen Bastmatten schlafen. Die Hütten böten wenig Schutz vor der Witterung, den Insekten und gefährlichen Tieren. Die Küstenregion sei ein Malariagebiet, darum würden verschiedene Impfungen und Malariaprophylaxe empfohlen. Die Frauen trügen sogenannte Kangas, bunte große, um die Hüften geknotete Baumwolltücher, und Flip-Flops oder sie würden barfuß gehen. Das Hauptnahrungsmittel sei Ugali, ein Maisbrei, der aus den Maispflanzen gewonnen werde. Wasser müsse von Wasserstationen sechs Kilometer Fußweg entfernt mit Kanistern geholt werden. Dieses Wasser diene zum Kochen, Waschen und zur Körperpflege. Mein Aufenthalt falle in die Regenzeit, einen Zeitraum mit heftigen unwetterartigen Niederschlägen. Die Tagestemperaturen lägen zwischen 20 und 30 Grad. Nachts könne es empfindlich kühl werden. Die Dunkelheit trete sehr früh gegen 17 beziehungsweise 17.30 Uhr ein.

Ich würde lügen, wenn ich behaupten wollte, dass diese Informationen mich zum Jauchzen brachten. Ich fühlte mich ein wenig unbehaglich. Immer wieder stiegen leichte Zweifel an dieser Reise in mir auf. Aber ich verscheuchte sie, weil ich das Abenteuer suchte und bis an meine Grenzen stoßen wollte.

Zusammen mit meinem PR-Team ging ich auf Sponsorensuche: Ganz oben auf meiner Liste standen Solargeräte, um meine Apparate (Kamera, Laptop, Telefon) mit ausreichend Strom versorgen zu können, denn ich wollte meine Reise dokumentieren, meine Erlebnisse in Ton, Wort und Bild festhalten. Wichtig für mich war auch ein Wasseraufbereitungsgerät, um gegen Gesundheitsrisiken gewappnet zu sein. Da ich mit vielen Menschen eine Hütte teilen sollte, war mir zudem eine Art »Abgrenzung« wichtig, die mir einen eigenen Bereich gewährleistete und mich zugleich vor Mücken und lästigem Getier schützen sollte. Darum machte ich mich auf die Suche nach einem Moskitozelt und einem kuscheligen Schlafsack.

Diesmal ließ sich auch eine Reiseapotheke nicht vermeiden: 14 Dosen Antibrumm, Sonnenschutzcreme, Pflaster, Binden, Kompressen, Tabletten, Tropfen, Salben jeder Art und Tausende feuchte Tücher. Ich war ausgestattet wie eine kleine Krankenstation – auch diese Investition sollte sich später auszahlen.

Auf eigene Kleider verzichtete ich weitgehend. Barbara gab einer Schneiderin vor Ort meine Maße und ließ traditionelle Kleider für mich nähen, damit ich mit meiner westlichen Kleidung die Einheimischen nicht zu sehr verunsicherte. Für viele meiner Mitbewohner würde ich die erste Weiße sein, die sie je zu Gesicht bekommen hatten. Lediglich Sportbekleidung, Badekleidung und Unterwäsche fanden den Weg in meine Taschen. Obwohl ich bekanntlich eine Schuhfetischistin bin, reise ich lediglich mit drei Paar Schuhen, wovon ich zwei Paar übrigens im Busch ließ …

Der größte Posten neben dem Solarequipment waren fünfzig gebrauchte Handys, die ich als »Antrittsgeschenke« von Facebook-Freunden gesammelt hatte. In Kenia ist ein Handy unerlässlich, alle Geschäfte werden per Telefon erledigt. Mpesa heißt das geniale System, das ich noch kennen- und schätzen lernen durfte. Ich wusste, dass ich mit angesagten Samsung-Handys und iPhones einen wunderbaren Einstand hinlegen würde.

Bis heute bin ich fassungslos über das Gewicht meines Gepäcks: 55 Kilo ohne Kleider und ohne Schuhe!

Kurz vor meinem Reiseantritt bekam ich noch die wertvolle Unterstützung von der Firma Flip-Flop, die mir 60 Paar Schuhe für die Dorfbewohner zur Verfügung stellte, sowie von der Firma Stadlbauer, die mir meinen Abschied mit herrlichem Spielzeug für die Kinder versüßte.

Abschied von meinem alten Leben

Mir war spätestens seit der Flugbuchung klar, dass diese Reise mein Leben verändern würde. Die letzten Wochen vor der Reise schwankte ich zwischen Euphorie und Angst. Ich malte mir alles in den schillerndsten Farben aus, bremste mich aber gleichzeitig, indem ich die Farben in meinem Kopf mit einem Topf schwarzem Teer übergoss ...

Fakt war, dass ich die ganze Zeit ohne Telefon, Internet und Mails, ohne Kontakt zu meinem gewohnten Umfeld verbringen würde. Ich wollte lediglich die Filme, die ich vor Ort drehte, und mein Tagebuch an mein Team schicken, damit es meine Erfahrungen bei Facebook und Tumblr posten konnte. Ich selbst würde keinerlei Ablenkung und keine Außenkontakte vor Ort haben.

Was würde mir vor Ort wiederfahren? Wem würde ich begegnen? Wie würde ich aufgenommen werden? Was würde ich lernen? Wie käme ich mit den Lebensbedingungen klar? Wie würde sich der Kontakt- und Internetentzug auf mich auswirken? Wie anpassungsfähig war ich wirklich? Würde ich danach nahtlos in mein altes Leben zurückschlüpfen, wie in ein Kleid, das man mehrere Wochen abgelegt hatte?

Plötzlich war mir, als würde ich alles zum letzten Mal machen, und genau deshalb zelebrierte ich alles Gewohnte. Ich sah es plötzlich mit ganz anderen Augen. Ich verbrachte Zeit mit den Menschen, die mir wichtig sind, sprach über meine Ängste, meine Sorgen, hörte zu und versuchte, meinen Mitmenschen zu zeigen, wie viel sie mir bedeuteten. Ich genoss den Luxus des Essengehens, aß langsam, bedächtig, trieb Sport, genoss die Natur, ging aus, traf viele Menschen, flirtete auf Teufel komm raus, verliebte mich, zelebrierte den Vollmond, küsste eine ganze Nacht am Strand durch wie ein verliebter Teenager, nutzte bewusst die gewohnten Annehmlichkeiten des Alltags wie die Dusche, die Toilette, mein Auto, meine Küche, meine Kaffeemaschine, meine Musikanlage, das Licht, mein kuscheliges, weiches Bett, die flauschigen Handtücher, die gut duftenden Kleider. Ich genoss jeden Augenblick im Wissen, dass es mit diesen Dingen bald vorbei sein würde.

Zum Abschied lud ich die wichtigsten Menschen meines Lebens zu einer Abschiedsparty in meine beiden Wohnsitze ein, auf Mallorca und in Zürich. Es waren berauschende Partys voller Nähe, wundervoller Gefühle, toller Gespräche, unzähliger Glücksbringer, aber gleichzeitig machten mich diese Abende unendlich traurig, ich würde all diese wundervollen Menschen nun für einige Monate loslassen und ohne meine Weggefährten weiterziehen. Natürlich ahnten weder sie noch ich, was diese Reise bei mir bewirken würde.

Meine vorletzte Nacht verbrachte ich mit dem Mann, in den ich mich verliebt hatte, wir hielten uns stundenlang an den Händen, redeten, als wenn es kein Morgen gäbe. Immer wieder fanden sich unsere Hände und Lippen, wir hatten Angst, dass dieser wundervolle Moment zu Ende gehen könnte. Als wir uns nach fast durchwachter Nacht bei Tagesanbruch voneinander verabschiedeten, war es mir, als risse mir jemand das Herz aus dem Leib. Wir verabredeten, dass wir jeden Abend um 23 Uhr zum Mond blicken und an den anderen denken wollten. Kurzzeitig erwog ich sogar, den Sommer in Europa zu bleiben oder meine Kontaktsperre aufzuheben. Doch ich hielt eisern an meinem Vorhaben fest.

Meinen letzten Abend in der Zivilisation verbrachte ich auf der Bühne im Auftrag einer Bank. Vierhundert Gäste lauschten meinen Worten, lachten über meine überzeichneten Darstellungen in Sachen Körpersprache und menschliche Verhaltensweisen und schauten in den Spiegel, den ich ihnen vorhielt. Im Anschluss gab es unzählige Gespräche, ein reichhaltiges Büfett mit allerlei Leckereien und einer großen Getränkeauswahl – und 24 Stunden später sollte ich in den Busch, in eine Lehmhütte ziehen – verrückte Welt. Ich aß, trank und redete, als würde es kein Morgen geben …

Meine letzte Nacht in Zürich war schlaflos, voller Tränen, Traurigkeit, Herzschmerz und gleichzeitig voller Hoffnung, das zu finden, wonach ich so dringend suchte: mich selbst, meinen wahren Kern, neue Werte.

Als ich mich von meiner besten Freundin am Flughafen mit einer Umarmung verabschiedete und in den Flieger stieg, wusste ich: Nichts würde so bleiben, wie es war. Das Abenteuer meines Lebens hatte begonnen.

Was bleibt: Achten Sie auf Ihre innere Stimme, denn sie könnte Realität werden! Verändern Sie Ihr Bewusstsein!

Jeder von uns hat die Kraft und die Gabe, sein Leben selbst zu gestalten. Wir sind die Regisseure unseres eigenen Lebens. Denn unsere Denkweise bestimmt, ob wir an etwas glauben und es beharrlich verfolgen oder ob wir eine großartige Idee einfach aufgeben, weil sie anderen nicht gefällt. In meinem Leben durfte ich schon mehrmals eindrucksvoll die Macht meiner Gedanken erleben. Sie, liebe Leser, waren sozusagen die

Zaungäste meiner Idee, ein paar Monate bei einem Urvolk leben zu wollen, um zu meinem wahren Selbst zurückzufinden.

Meine Gabe der Visualisierung hat ermöglich, dass ich dieses Abenteuer erleben durfte. Jedes Gebäude, jeder Gegenstand, jedes Produkt war mal ein Gedanke, der sichtbar geworden ist, sich »manifestiert« hat.

Doch welche Faktoren sind wichtig, um alle Ziele/Wünsche zu erreichen?

- Klarheit über die eigenen Wünsche, Bedürfnisse, Träume und Ziele
- klare Zieldefinition
- Zusammenarbeit mit dem Unterbewusstsein, die Kraft der Visualisierung
- Willenskraft und Umsetzungskompetenz

Unsere Ziele treffen wir *überwiegend* mit dem Verstand. Aber stimmen diese Kopfentscheidungen auch mit den Gefühlen überein, die sich in unserem Unterbewusstsein abspielen? Das ist nämlich der entscheidende Faktor: die Übereinstimmung von Verstand und Unterbewusstsein.

Neueste Forschungen – unter anderem durchgeführt vom Neurowissenschaftler Gerhard Roth von der Universität Bremen – belegen, dass 98 Prozent aller Entscheidungen im Unterbewussten getroffen werden und dass diese alle weiteren Denkvorgänge in bestimmte Bahnen lenken. Deshalb sei es nicht verwunderlich, dass viele Ziele nach wenigen Tagen versanden – sie stimmen nicht mit dem Unbewussten überein und entsprechen nicht dem eigenen Weltbild. Diese Ziele werden also nur mit purer Willenskraft in die Tat umgesetzt – diese hat leider ihre Grenzen. Sobald jedoch die innere Welt mit der Gedankenwelt übereinstimmt, lassen sich der Erfolg und die Umsetzung der eigenen Ziele nicht mehr länger aufhalten.

1. Klarheit über die eigenen Wünsche, Bedürfnisse, Träume und Ziele erhalten Sie:
   • wenn Sie in einer ruhigen Minute in sich hineinspüren,
   • wenn Sie Ziele kritisch hinterfragen, ob es wirklich Ihre eigenen Ziele sind oder ob Sie diese aufgrund von Status oder Druck der Familie oder Ihrer Umwelt erreichen möchten,
   • wenn Sie in sich hineinspüren, was Ihnen wirklich Freude macht, unter welchen Bedingungen Sie die Zeit vergessen,
   • wenn Sie sich von Zeit zu Zeit Tagträumen über Ihre Zukunft hingeben.

2. Klare Zieldefinition
   • *begründet:* Finden Sie das »Warum« Ihres Ziels. Die innere Einstellung entscheidet, ob Sie das Ziel erreichen werden.
   • *konkret:* Formulieren Sie Ihr Ziel konkret. Ein Ziel muss immer positiv formuliert sein. Unser Gehirn kann mit Begriffen wie »kein«, »nicht«, »weniger« nichts anfangen.
   • *erreichbar:* Ihr Ziel muss aus eigenem Ermessen erreichbar sein. Sie sollten nicht darauf angewiesen sein, dass andere etwas Bestimmtes tun, damit Sie Ihr Ziel erreichen.

- *terminiert und messbar*: Um bei der Stange bleiben zu können, ist es wichtig, die Zielerreichung messbar zu machen. Entwerfen Sie also einen realistischen Zeitplan.
- *Visualisierung*: Führen Sie sich Ihr Ziel im Wortsinn vor Augen. Drehen Sie einen inneren Film: Wie sieht es aus, wenn Sie beispielsweise Ihren Traumjob gefunden haben? Stellen Sie sich vor, wie Sie etwa an Ihrem neuen Schreibtisch sitzen, die Kollegen gern bei Ihnen vorbeischauen, wie Sie ein wichtiges Meeting leiten oder eine Präsentation halten. Und natürlich auch, welche Freude und Lebendigkeit Sie bei dieser neuen Herausforderung empfinden.
- *schriftlich*: Schreiben Sie Ihr Ziel auf und teilen Sie es mit jemandem, damit es nicht im Sand versiegt und der Erfolg kontrollierbar ist.

Seit Kurzem gibt es das sogenannte Hypno-Mind-Puzzle. Ich erarbeite zusammen mit Ihnen Ihre Vision, Ihre Träume, Ihre Zukunft. Mein Grafikerteam setzt dann Ihr persönliches Visionsbild grafisch um, und der Spieleverlag Ravensburger entwickelt daraus ein 1000-teiliges Puzzle. Tag für Tag fügen Sie ganz entspannt Ihr Puzzle zusammen, das Sie an Ihre Lebensziele erinnert und schrittweise Ihren Zielen näherbringt. Es verleiht Ihnen und Ihrem Unterbewusstsein Kraft und Motivation, Ihre Vorstellungen in die Realität umzusetzen. Denn Gedanken schaffen Realitäten. Mehr dazu finden Sie unter *www.tatjanastrobel.com*.

3. Zusammenarbeit mit dem Unterbewusstsein
   Das Unterbewusstsein ist der wahre Boss im Leben eines Menschen. 98 Prozent seiner Persönlichkeit werden wie erwähnt von hier aus gesteuert. Mit Logik und Wille lässt sich ohne das Unterbewusstsein so gut wie nichts erreichen. Ein einzelner Fußballspieler kann auch keine hochkarätige Mannschaft mit elf Spielern schlagen. Darum: Machen Sie Ihr Unterbewusstsein zu Ihrem Verbündeten!

   * Machen Sie Ihr Ziel in Form eines Visionboards, eines Plakats, eines Bildes sichtbar.

   * Nutzen Sie Zeiten, in denen Sie bereits in einem Trancezustand sind, beispielsweise lange Autofahrten, Tagträume, abends kurz vor dem Einschlafen oder morgens direkt nach dem Aufwachen, indem Sie sich Ihr Ziel mehrmals vor Augen führen und spüren Sie dem nach, wie es sich anfühlt, wenn Sie es erreicht haben, wie Sie gehen, was Sie tun werden, wie es Ihr Leben verändert.

   * Arbeiten Sie mit den *Mesmerize-it!*-Hörbüchern: *Ziele erreichen, Endlich Wunschgewicht, Endlich Nichtraucher* und so weiter. Diese versetzen Sie in Hypnose und bringen Ihre Ziele damit an die Basis. Zusammen mit dem Hypno-Mind-Puzzle und Ihrem individuellen *Mesmerize-it*-Hörbuch nehmen Ihre Visionen schneller sichtbare Gestalt an, als sie sich in Ihren Träumen vorgestellt haben.

4. Willenskraft und Umsetzungskompetenz
   Nun heißt es, in der Realität alles zu unternehmen, um Ihr Ziel auf den richtigen Weg zu bringen. Wenn Sie beispielsweise auf der Suche nach dem nächsten Karrieresprung

sind, so sollten Sie dies bekannt geben und entsprechende Kontakte informieren. Arbeiten Sie sich für die Realität einen konkreten Plan aus:

- Wie sehen die einzelnen Schritte auf dem Weg zum Ziel aus?
- Was müssen Sie zuerst, was später, was zuletzt tun?
- Welche Gefahren lauern auf dem Weg? Wem könnten Sie mit Ihren Zielen auf die Füße treten?
- Wer kann Ihnen bei der Zielerreichung helfen, Sie unterstützen?
- Wen sollten Sie informieren?
- Welche Zeit sollten Sie in Netzwerkevents investieren?
- Welche Weiterbildung wäre auf dem Weg hilfreich?
- Mit diesen vier Schritten gehen Sie den Weg zu Ihrem Ziel, zu Ihren Wünschen konsequent. Finden Sie heraus, was Sie wirklich wollen.

Eine kleine Geschichte aus einem Zen Kloster: »Ein Meister nimmt eine Schüssel und füllt sie bis zum Rand mit großen Apfel- und Bananenstücken. Er fragt seine Mönche: ›Ist die Schüssel voll?‹ – ›Ja, Meister‹, antworten alle Mönche.

Er gibt noch einen Löffel Haferflocken hinzu und fragt erneut: ›Ist die Schüssel voll?‹

Die Mönche blicken sich wissend an, sie haben verstanden und antworten: ›Nein, Meister!‹

Er gießt einen Löffel Honig hinzu und fragt: ›Ist sie jetzt voll?‹ – ›Nein Meister!‹, antworten sie einhellig.

Er nimmt nun einen Krug und gießt Milch in die Schüssel ...«

Wie Sie im ersten Kapitel dieses Buches gelesen haben, hat meine Entscheidung, mich auf Lebensbedingungen wie vor 600 Jahren einzulassen, etwas bei mir bewirkt. In dem vorausahnenden Gefühl, dass ich bald einen Mangel an Wasser, Strom, Nahrung, sanitären Anlagen und Gütern unserer Überflussgesellschaft erleben würde, wurde ich sensitiv, nahm meine Umwelt, die Menschen und den Luxus, den wir ohne Zweifel täglich genießen, mit ganz anderen Augen wahr. Ähnlich wie der Meister seinen Mönchen klarmachte, dass ihre Wahrnehmung sie trügt, ist alles eine Frage der Sichtweise! Sie entscheiden jeden Tag, ob Ihr Glas halb voll oder halb leer ist. Das Glas ist, was es ist, doch ihre Betrachtungsweise verändert ihre Wahrnehmung, Ihre Lebensqualität, Ihre Freude, Ihre Leichtigkeit. Ich schätze, ohne die bevorstehende Abreise hätte ich die Annehmlichkeiten des Lebens als selbstverständlich hingenommen, als nichts Besonderes. Die Aussicht auf den »Mangel«, die Andersartigkeit, hat mir geholfen, das Leben als etwas Großartiges wahrzunehmen, jede Sekunde zu genießen, zu lieben, zu lachen, zu tanzen, als ob es kein Morgen gäbe.

Sie entscheiden, wie Sie Ihre durchschnittlich 685 000 Stunden Ihres Lebens wahrnehmen, im Mangel oder in der Fülle ... Welches Ereignis der letzten Wochen könnten Sie wie das Glas halb voll oder halb leer betrachten? Ich weiß heute, dass Fehler oder Niederlagen viel wertvoller sind als Erfolge. Sie lassen uns reflektieren und wachsen. Was fühlt sich für Sie besser an? Wie möchten Sie Ihr Leben betrachten?

Sie sind der Regisseur Ihres Lebens, sie können binnen Sekunden die Inhalte, das Genre, die Besetzung Ihres Films wechseln – es ist nur eine Frage der Perspektive, *Ihrer* Perspektive!

ANKUNFT IN EINEM ANDEREN LEBEN

Reise in die Vergangenheit – Lebensumstände wie im Mittelalter

Bereits bei meiner Zwischenlandung in Nairobi wurde mir klar, dass in Kenia vieles anders lief als bei uns. Als ich aus dem Flieger stieg, erfuhr ich, dass ich mein Gepäck abholen, durch den Zoll bringen und wieder einchecken musste. Vorher musste ich aber durch die Sicherheitskontrolle, um meine Einreise zu dokumentieren. Es standen Hunderte von Menschen an. Ich hatte nur eineinhalb Stunden Zeit, um mein 55 Kilo schweres Gepäck abzuholen, es zum Zoll zu transportieren und am Inlandsterminal, der zehn Minuten mit dem Taxi entfernt war, erneut einzuchecken. Nach 25 Minuten war ich endlich an der Reihe, aber mein Visum, das ich in der Hand gehalten hatte, war plötzlich verschwunden. Ich versuchte, dem Beamten mein Missgeschick zu erklären. Seelenruhig nahm er meinen Pass, ging in ein Büro und kam geschlagene 20 Minuten später wieder zurück. Ich lief wie ein Tiger im Käfig herum, der Schweiß brach mir aus allen Poren. Ich fühlte mich ausgeliefert, es fehlten nur noch 45 Minuten bis zum Abflug nach

Mombasa. Ich musste mich sehr anstrengen, innerlich ruhig zu bleiben, nicht wütend oder zickig zu werden. Der Beamte verkündete mir, ich müsse wieder ein Visum beantragen und zahlen. Also füllte ich die Formulare erneut aus, bezahlte, hetzte zu meinem Gepäck und dann durch das Terminal.

Am Zoll wurden meine Koffer, insbesondere meine Solaranlagen, genau inspiziert. Man erklärte mir, ich müsse Steuern auf diese Produkte zahlen, umgerechnet 150 Euro. Mit Tränen in den Augen erklärte ich mein Vorhaben, und – oh Wunder – einer der Zöllner war ein Mijikenda. Er klopfte mir lachend auf die Schulter, beruhigte seine Kollegen und winkte mich durch. Völlig abgehetzt und nass geschwitzt suchte ich auf der Anzeigentafel des Inlandsterminals meinen Flug: Er hatte eineinhalb Stunden Verspätung! Bis zum Abflug hatte ich also noch knapp zwei Stunden Zeit. Ich ging raus, atmete das erste Mal kenianische Luft und versuchte, meine Nerven zu beruhigen.

Dann stieg ich in ein Taxi, um mich zum Inlandsterminal fahren zu lassen. Allerdings fragte mich der Taxifahrer auf der kurzen Fahrt nach meiner Telefonnummer, weil er gern nach Europa kommen und mich heiraten würde. Das konnte ja heiter werden!

Im Terminal wurde mein Gepäck erneut gecheckt. Dieses Mal erregte mein Handgepäck großes Aufsehen. Immer mehr Sicherheitskräfte wurden herbeigerufen, um die Aufnahmen meines Gepäcks zu prüfen. Ich wurde in einen separaten Raum gebeten und wurde aufgefordert, mein Handgepäck auszupacken. Der »Stein des Anstoßes« war bald ausgemacht: vier große Tafeln Toblerone, die ich für die Kinder des Dorfes gekauft hatte! Ich öffnete eine Tafel und bot allen die Schokolade zum Probieren an. Innerhalb weniger Sekunden versammelten sich alle Mitarbeiter des Terminals um meine Toblerone und aßen genüsslich die berühmten spitzen »Gipfel« Schweizer Schokolade.

Mein Gepäck wurde eingecheckt, und ein Beamter begleitete mich bis zum Gate, wo er mit der Stewardess sprach und mir dann ein Ticket für die Business Class in die Hand drückte. Meinen letzten Reiseabschnitt flog ich also privilegiert – dank Toblerone!

Nach der Landung stieg ich als Erste aus dem Flugzeug. Als ich ein »Welcome Mombasa«-Schild sah, verschlug es mir den Atem, das musste ich unbedingt fotografieren. Ich war da … das Abenteuer begann! Auf dem Rollfeld wurde ich von zwei hochgewachsenen, kräftigen Männern abgefangen, die sich als die Bodyguards von Peter herausstellten. Sie kümmerten sich um mein Gepäck und führten mich in eine klimatisierte Lounge, wo Peter mich in seine Arme schloss und mich in seinem Land herzlich willkommen hieß. Wir unterhielten uns über das Land, die Wahlen, die in zwei Monaten stattfinden sollten. Es war bereits weit nach Mitternacht, und Peter erklärte mir, dass wir erst am nächsten Tag in den Busch fahren würden.

Wider Erwarten wurde ich für die Nacht in einem wunderschönen Hotel in Kilifi untergebracht. Als ich am Morgen die Augen öffnete, glaubte ich, im Paradies zu sein: vor meinen Augen türkisblaues Wasser, ein kilometerlanger, menschenleerer weißer Sandstrand, gesäumt von üppigen Palmen!

Zum Frühstück traf ich Baraka, Peters persönlichen Assistenten. Er sollte mit mir noch wichtige Besorgungen erledigen, ein Telefon kaufen, ein Mpesa-Konto eröffnen und die von mir bestellten Kleider bei der Schneiderin abholen. Er war sehr offenherzig und unterhielt sich mit mir über Gott und die Welt. Er interessierte sich sehr für mein Vorhaben, und ich genoss seine Aufmerksamkeit sehr. Auf der Straße winkte er ein Motorrad herbei. Das sei das Transportmittel der Wahl in der Stadt, erklärte er mir – zu dritt, auf einem kleinen Motorrad, ohne Helm, ohne festes Schuhwerk, in Flip-Flops und Kleid. Ich schluckte meine Bedenken hinunter, und wir brausten durch wilden, chaotischen Verkehr in die Stadt. Ein Minimum der in Europa üblichen Sicherheitsvorkehrungen wäre in diesem Land bestimmt angebracht! Im Laufe der nächsten Wochen sollte ich immer wieder feststellen, dass ein Mix aus Afrikas Sorglosigkeit und europäischer Ernsthaftigkeit wohl ideal wäre.

Kilifi, die an der Küste gelegene Hauptstadt des Kilifi Countys, war eine moderne, lebendige Stadt. Alles war so bunt, quirlig, Hunderte von Motorrädern, Tuk-Tuks und Autos lieferten sich gefährliche Wettrennen auf einer Straße, die diesen Namen bei uns nicht verdient hätte. Laden reihte sich an Laden, das Sortiment war bunt, vielseitig und mit unseren Auslagen nicht zu vergleichen.

Meine Schneiderin betrieb ihre Nähkunst in einer verwinkelten Gasse voller Pfützen. Fröhlich und selbstbewusst zeigte sie mir ihre »Kollektion«: leuchtend grüne, gelbe, blaue, lilafarbene, orange und pinke Kleider mit dazu passendem Kopfschmuck. Sie legte mir die vier eigens für mich genähten Kleider vor. Meine Begeisterung hielt sich in Grenzen, denn diese Mode konnte nicht mit meinen Lieblingsdesignern Dolce & Gabbana, Armani oder Marni mithalten, es fehlten die hochwertigen Stoffe, die Eleganz, der Pfiff. Ich war aber nicht in

Kenia, um eine Modenschau vorzuführen, sondern um mich ans Dorfleben angepasst zu kleiden. Ich probierte also in einer improvisierten Umkleidekabine die Kleider an. Als ich mich im Spiegel betrachtete, musste ich an mich halten, um mein Entsetzen zu verbergen: Die Kleider hingen entweder schlabbernd an mir herunter oder sie saßen so eng, dass ich mich nicht getraute zu atmen. Der Stoff war ein Polyester-Baumwollgemisch, auf das meine Haut bestimmt binnen Sekunden allergisch reagieren würde. Ich holte tief Luft und sagte beschwichtigend zu mir selbst, dass mein Äußeres in den nächsten zehn Wochen ohnehin in den Hintergrund rücken würde.

Mittlerweile hatten sich im Verkaufsraum mehrere Besucher versammelt, um meiner Modenschau beizuwohnen. Sie bewunderten die Kleider, die ich anprobierte, und lauschten den Worten der Schneiderin, die aufgeregt etwas über mich erzählte. Baraka erklärte mir später, dass ich als weiße Kundin ihr Renommee gesteigert hätte … Ich kaufte noch weitere drei Kleider, einschließlich Kopftüchern, ein Kleid behielt ich gleich an, denn es sollte ja bald weiter in den Busch gehen.

Nach einigen weiteren Einkäufen, darunter 150 Liter Wasser, die wir ins Hotel liefern ließen, kehrten wir dorthin zurück, verstauten alles in einem Taxi und fuhren in den Busch – so dachte ich zumindest. Nach vierzig Minuten Fahrt erfuhr ich, dass wir auf dem Weg noch zu der einen oder anderen Beerdigung gehen sollten, da Peter als Politiker zugegen sein sollte und mir die Gegebenheiten des Landes zeigen wollte. Ich war etwas verstimmt, weil es mir missfällt, wenn meine Pläne nicht so umgesetzt werden, wie ich es mir in den Kopf gesetzt habe. Doch ich nahm mich rasch zusammen.

An diesem Tag war ich auf fünf Beerdigungen und sah fünf Tote – lauter angesehene Bürger der jeweiligen Region. Sie waren in ihre leuchtenden Lieblingskleider gehüllt, ihre Gesichter waren geschminkt, sahen entspannt und gelöst aus. So viele Tote hatte ich bisher noch nicht gesehen, überraschenderweise verspürte ich kein Unbehagen. Ich wollte mehr über ihr Leben erfahren und fragte allen Löcher in den Bauch. Ich wurde regelrecht weggezerrt und zur nächsten Veranstaltung gefahren. Wir ließen die Stadtbezirke hinter uns und fuhren durch dünn besiedelte, einsame, abgelegene Gegenden. Was für ein zauberhaftes, schönes Land! Sattes Grün, bunte Blumen, tropische Pflanzen fesselten meine Aufmerksamkeit.

Auf den Trauerzeremonien gab es laute Musik, die aus großen Lautsprecherboxen schallte, es wurde gesungen und getanzt. Hunderte von Menschen waren gekommen, um sich auf landestypische Art von den Verstorbenen zu verabschieden. Doch neben der Fröhlichkeit des Leichenschmauses war auch das Wehklagen zu vernehmen. Viele Menschen schluchzten, lagen sich in den Armen und betrauerten den Tod der verstorbenen Person. Wie nahe beieinander liegen doch Traurigkeit und Fröhlichkeit! Jeder der Toten hatte mehr als fünf Kinder, unzählige Enkel, einflussreiche Ämter bekleidet und einen wichtigen Beitrag zur Gesellschaft geleistet. Wie heißt es so schön in meinem Lieblingszitat von Albert Schweitzer: »Das einzig Wichtige im Leben sind die Spuren der Liebe, die wir hinterlassen, wenn wir gehen.«

In Gedanken versunken stieg ich in unseren Jeep. Die Sonne ging bereits unter, als wir uns auf die letzte Etappe meiner Reise machten. Im Auto dachte ich lange darüber nach, ob der Tod etwas mit meiner Reise zu tun hatte. Vielleicht musste ich mein altes Leben, mein altes Ich sterben lassen, um für Neues Platz zu schaffen ...

Immer wieder griff ich reflexartig nach meinem Handy, um all meine Accounts zu checken, um Posteingänge und Likes zu sehen. Ich maßregelte mich selbst, war es doch meine eigene Entscheidung gewesen, alles hinter mir zu lassen. Das Handy war ausgeschaltet, Abwesenheitsmeldungen waren eingerichtet. Boris, mein wunderbarer langjähriger PR- und Marketing-Dienstleister, der mich und mein Vorhaben verstand, hatte mit seinem Team alles übernommen. Ich konnte ihm restlos vertrauen.

Doch mein Kopfkino zeigte mir seinen ganz eigenen Film: Ich sah, wie meine Freunde Partys feierten, ein wunderbares Ereignis jagte das nächste, und ich sah Oliver, den Mann, in den ich mich verliebt hatte. Beim nächsten Vollmond würde er mich vergessen haben und diesen mit einer anderen Frau feiern. Gerade war ich mir noch sicher gewesen, dass jeder einen Stellenwert im Leben hat – und in der nächsten Sekunde hatte ich Angst, dass die Menschen meines näheren Umfelds mich vergessen, ich bei Facebook meine Freunde verlieren würde ... Ich fühlte mich abgekoppelt, einsam, allein unter Menschen. Es waren wahrscheinlich die ersten Entzugserscheinungen.

Ich lenkte mich ab, konzentrierte mich auf den Weg. Es wurde immer dunkler, und meinem Blick bot sich ein unbeschreiblich schönes Sternenfirmament. Ich glaubte, den Großen Wagen und den Kleinen Bären zu erkennen. Der Mond und die Sterne leuchteten uns den Weg, die Straßen wurden immer holpriger, und ich musste mich festhalten, um im Auto nicht hin- und hergeschleudert zu werden. Wir fuhren immer tiefer in den Busch, hatten nur noch erdige, unwegsame Pisten vor uns, die Orientierung hatte ich längst verloren. Jeder hing im Auto seinen Gedanken nach, es herrschte Stille.

Ich hörte sogar meinen eigenen Herzschlag – gleich würde es so weit sein. Adrenalin schoss durch meinen Körper, alles kribbelte, bebte, trotz meiner Müdigkeit war ich hellwach. Was würde mich erwarten? Wie würde ich aufgenommen werden? Was würde mit mir passieren? Ich erkannte mich nicht wieder. Wo war die souveräne Frau, die Tausende von Menschen auf der Bühne zu fesseln und zu begeistern imstande war? Übrig war nur eine kleine verunsicherte Person, deren Angst ihr das Herz bis zum Hals schlagen ließ. Wie gern wäre ich in jenem Augenblick in mein wunderbares altes Leben zurückgeschlüpft! Doch es war zu spät. Plötzlich wurde abgebremst und rechts abgebogen. Der Geländewagen musste sich noch einmal ins Zeug legen, um einen steilen Hügel zu erklimmen. Wir waren angekommen!

Stockdunkle Nacht empfing mich, meine Augen gewöhnten sich rasch an die Dunkelheit. Ich konnte die Umrisse mehrerer Hütten erkennen. Von überallher rannten die Menschen in unsere Richtung. Sie riefen uns »Karibu!«, herzlich willkommen, zu. Es trieb mir die Tränen in die Augen. Wildfremde Menschen hießen mich willkommen, waren bereit, das Wenige, das sie hatten, mit mir zu teilen. Ich war zutiefst gerührt.

Es wimmelte von Menschen, Katzen, Hunden, Hühnern, alle waren aufgeregt, hektisch und begrüßten mich. Peter und seine Bodyguards leuchteten mit ihren Telefonen den Weg. Ich schüttelte unzählige Hände, wurde angefasst, berührt, konnte in der Dunkelheit aber kaum die Gesichter erkennen. Ich wurde in »meine« Hütte geführt. Man erklärte mir, dass ich diese nun mit Mama Pendeza und ihren acht bis zehn Kindern teilen würde. Ich schätzte, dass uns 20 Quadratmeter zur Verfügung standen – auf Mallorca habe ich für mich allein 450 und in Zürich 100 Quadratmeter. Mich überkam ein Gefühl der Scham wegen dieses Raumüberflusses. All die Jahre hatte ich mir eingeredet, dass Raum und Privatsphäre für mich lebenswichtig seien. Hier im Busch kam mir plötzlich die Erkenntnis, dass ich in Wahrheit viele Probleme hatte, die ich mir nicht hatte eingestehen wollen: Es fällt mir schwer, neben jemandem zu schlafen, egal, ob es sich um einen Partner, ein Familienmitglied oder um Freunde handelt. Ich habe gern eigene Räumlichkeiten, in denen ich machen kann, was ich will.

Ich versuchte, mich zu beschwichtigen. Was hatte ich eigentlich erwartet, als ich mich auf dieses Abenteuer eingelassen hatte? Seltsam, häufig glauben wir, etwas zu wissen, und dann werden wir von der Realität überrollt und stellen fest, dass Wissen nicht gleich Fühlen ist. Doch eine solche Kleinigkeit sollte meinen Start nicht trüben. Wieder einmal verdrängte ich meine Bedenken.

Bereits am Eingang schlug ich wegen der Dunkelheit mit dem Kopf gegen einen Holzbalken. Wie sehr hätte ich mir in diesem Moment gewünscht, dass mich eine Fee mit ihrem Zauberstab berührt und mich in mein altes Leben zurückbeamt. Doch dies passiert leider oder Gott sei Dank im wirklichen Leben nicht! Nun kam meine Anpassungsfähigkeit ins Spiel: Ich stellte mich auf die geänderten Gegebenheiten und Anforderungen meiner Umwelt, meines Schicksals ein. Und da fiel mir gleich die Verknüpfung, die mein Freund Enrico hergestellt hatte, ein: Schicksal = zur Heilung geschickt! Ja, ich wollte geheilt werden und all meine Ansichten auf den Prüfstand stellen.

Mama Pendeza, eine dominante Mittvierzigerin, die das Dorf – und ihren Ehemann – voll im Griff hatte, hatte bereits liebevoll versucht, meinen Raumteil mit einigen Stofffetzen abzutrennen, damit ich etwas Privatsphäre hatte. Es wurde mir bewusster, dass auch diese Dorfbewohner sich Gedanken über mich und meine Lebensweise gemacht hatten. Angenehm überrascht stellte ich fest, dass alle frisch gewaschen und nach Kernseife dufteten, der Seife, die meine geliebte Grossmutter für ihre Handwäsche benutzte. Meine Großmutter war der Mensch, der mich bedingungslos und liebevoll so akzeptiert hat, wie ich bin. Die mit dem Seifenduft verbundene Assoziation übte eine wohltuende Wirkung auf mich aus, weckte in mir das altbekannte Gefühl der Geborgenheit, und binnen Sekunden fühlte ich mich wohler.

Auf dem Lehmboden lag schon meine Schlafmatte, aus Palmblättern hergestellt. Während wir mein Gepäck abluden, beäugten gefühlt Hunderte Kinder jeden meiner Schritte. Ich konnte kaum die Hand vor den Augen sehen, so dunkel war es, aber die Mijikendas schienen besser zu sehen und bewegten sich mühelos. Wir kamen überein, dass wir zunächst nur mein Moskitozelt aufbauten, und alles andere auf den nächsten Tag verschoben. Nach mehreren Versuchen gelang es uns, im schwachen Licht der Taschenlampen das Zelt aufzustellen. Das Zelt und mein wunderbarer Schlafsack würden ein guter Rückzugsort für mich sein.

Peter, Baraka und seine Bodyguards verabschiedeten sich und sagten, dass ich sie bei Bedarf jederzeit anrufen konnte, und händigten mir ein Telefon mit kenianischer Nummer aus. Ich sollte sie in den ersten Tagen täglich anrufen, um sicherzugehen, dass es mir an nichts fehlte.

Zwei wunderbare Tage voller Erfahrungen und spannender Erlebnisse hatte ich mit Peter und seinen Männern verbracht – und nun waren sie weg. Ich habe schon immer Abschiede gehasst, ich falle dann in ein tiefes Loch, denn Menschen loszulassen, die ich mag, ist für mich ein Albtraum. Und auf dieser Reise würde ich sehr vieles loslassen müssen. Wie heißt es so schön: aufstehen, Krone richten, weitergehen …

Vor dem Zubettgehen musste ich noch auf die Toilette und wurde von zwei kleinen Mädchen auf ein Maisfeld geführt. Das war also meine »private Toilette«, aber das war gar nicht so einfach: Der Urin spritzte auf dem trockenen Boden in alle erdenklichen Richtungen. An meiner Pipi-Technik musste ich wohl noch feilen.

Danach verabschiedete ich mich von meinen Gastgebern, kroch in mein Moskitozelt und versuchte, zur Ruhe zu kommen. Ich nahm unzählige neue Töne wahr, die Düfte der Natur, lauschte den ungewohnten Stimmen und der Variation der Tonhöhen in dieser fremden Sprache, spürte jeden Knochen meines Körpers auf dem harten Untergrund, kuschelte mich in meinen Schlafsack, in den Kapuzenpulli, den Oliver mir mitgab, und presste mich Halt suchend an mein Kuscheltier.

Bis ich vor Erschöpfung einschlief, sagte ich mir immer wieder, dass ich dieses Abenteuer selbst gewählt hatte und es nun erfolgreich bestehen musste. Meine erste Nacht im Busch war von wilden Träumen geplagt.

Der erste Tag – von der verklärten Abenteuerromantik zur nüchternen Realität

Am Morgen wurde ich von lautstarkem Kinderlärm wach. Unglaublich, wie viel Lärm fünfzig Kinder machen konnten! Als ich die Augen aufschlug, starrten mich unzählige braune Augen an – am Fenster, neben dem Trennvorhang, neben meinem Moskitozelt. Teils neugierig, teils ängstlich verfolgten sie jede meiner Bewegungen. Es war sechs Uhr morgens, nicht unbedingt meine Aufstehzeit, aber ich musste mich aufgrund der Lichtbedingungen im Busch umstellen. Ich hauche ein »Jambo« in die Runde, die den Gruß ebenfalls mit »Jambo« kichernd und glucksend erwiderte. Dann kroch ich aus meinem Schlaflager und begab mich ins Freie, um mein neues Zuhause bei Tag zu betrachten und meine »Toilette« aufzusuchen.

Vor meiner Hütte saßen gefühlt 150 Menschen und warteten auf mein Erscheinen. Ungewaschen, im Schlafanzug, mit klebrigen, geschwollenen Augen und drückender Blase traf ich auf meine Gastgeber und ihre Familien. Am liebsten wäre ich in den Boden versunken! Mama Pendeza, meine Hausherrin, kam auf mich zu und umarmte mich, und alle Familien- und Dorfmitglieder taten es ihr gleich. Ich wurde gedrückt, geschüttelt, berührt und von einem zum andern gereicht. Mein schrecklicher Anblick schien sie nicht zu erschüttern. Mein nonverbaler Versuch, zur »Toilette« zu gelangen, war also gescheitert.

Plötzlich kam mein rettender Engel: Rama, Pendezas Sohn, der Einzige im Dorf, der eine Highschoolausbildung genossen hatte und darum die englische Sprache beherrschte. Er sollte mich auch in vielen weiteren Situationen retten und sozusagen das Bindeglied zwischen mir und dem Dorf werden. Ich erklärte ihm, dass ich meine Blase nicht entleeren konnte, wenn mir jemand dabei zusah. Er verständigte sofort die Anwesenden, was für große Überraschung und verschämte Lacher sorgte.

Ich suchte mir also ein geschütztes Plätzchen auf dem Maisfeld, zog meine Hose herunter und begann, mein Geschäft zu erledigen. Aber ich hatte die Erfahrung des Abends zuvor schlichtweg vergessen und die Beschaffenheit des Bodens nicht berücksichtigt, und es spritzte überallhin, vor allem an das rechte Bein meiner Schlafanzugshose. Ich musste also mit nassem Hosenbein zurück zu den anderen. Ich fühlte mich in meine Kindergartenzeit zurückversetzt, als meine Erzieherin entdeckte, dass ich vor lauter Spielen vergessen hatte, zur Toilette zu gehen, und in die Hose gemacht hatte.

Ich fühlte mich verschüchtert und verloren. Doch Mama Pendeza zog mich in die Hütte, strich mir liebevoll über den Kopf, ließ mich die Hose wechseln und rannte los, um sie zu waschen. Später sah ich, dass sie meine Schlafanzughose zum Trocknen auf eine Kokospalme ausgebreitet hatte. Auch in Sachen Wäschetrocknen war man dort unkonventionell.

Als Nächstes war das Zähneputzen an der Reihe. Ich setzte mich draußen hin, nahm einen Becher Wasser, bestrich meine Zahnbürste mit Zahnpasta und wollte gerade loslegen, als sich eine Traube von Schaulustigen um mich scharte. Rama erkannte, dass mich die Zuschauer in Verlegenheit brachten, und bat sie, etwas zurückzutreten und mir Platz zu machen. Er erklärte mir, dass man dort die Zähne mit Zweigen des Zahnbürstenbaums (*Salvadora persica*) putzte, und dass noch keiner von ihnen bislang Zahnbürste oder Zahnpasta gesehen hatte. Unter vollem Körpereinsatz verfolgten sie mein Zähneputzen, einige ahmten meine Bewegungen mit den Händen und den Mündern nach. Es war ein so lustiges Bild, dass ich losprusten musste und die Zahnpasta in alle Himmelsrichtungen verteilte. Alle stimmten in mein Lachen ein, wir lachten bis uns die Bäuche wehtaten. Das Eis war gebrochen. Ein kleiner Junge rannte unterdessen los, brachte Zweige vom Wunderbaum für sich und seine Freunde mit, und sie zeigten mir, wie sie die Zähne putzten: Die Zweige wurden so lange gekaut, bis ein Ende so ausgefranst war, dass es an eine Bürste erinnerte. Anschließend wurden damit die Zähne geputzt, wobei die abbrechenden Holzstücke ausgespuckt wurden und zum Reinigen der Zähne sowie zur Massage des Zahnfleischs dienten. Ich machte es ihnen nach, allerdings mochte ich den bitteren Geschmack nicht.

Rama erklärte mir dann, dass in den Zweigen des Zahnbürstenbaums wichtige Mineralstoffe, Rohfasern, Proteine und keimhemmend wirkende Substanzen enthalten seien, die die Reinigung der Zähne unterstützten. Der Miswāk bezeichne einen Zweig, eine Knospe oder ein Wurzelstück des Zahnbürstenbaums und sei eine traditionelle natürliche Form der Zahnbürste.

Später fand ich heraus, dass der Miswāk schon seit dem Altertum zur Reinigung benutzt wird. Die Verwendung fasrig gekauter Zweige wurde schon im altindischen Gesetzbuch von Manu (600 v. Chr.) erwähnt und in der berühmten altindischen Sammlung medizinischen Wissens *Sushruta* (etwa 400 n. Chr.) empfohlen. Auch in der islamischen Welt spielt der Miswāk eine große Rolle, wird doch die Benutzung durch Mohammed überliefert.

Und es hat spannende Inhaltsstoffe: Fluoride mit nützlicher Wirkung für Skelett und Zähne; Silizium, das unersetzlich ist für die Erhaltung von Bindegewebe, Knorpel, Knochen, Haaren, Nägeln, Zähnen; und Kalziumsulfat, das wichtig ist für den Aufbau von Knochen und Zähnen. Die Gipskristalle dienen im Miswāk als Putzkörperchen. Sie helfen dabei, den fest anhaftenden Schmutz von den Zähnen zu lösen. Weitere Inhaltsstoffe sind Tannine, sie sind verantwortlich für den etwas bitteren Geschmack, wirken beruhigend auf Schleimhäute, beschleunigen Heilungsprozesse bei Verletzungen und hemmen Entzündungen, und Saponine, Vitamin C, Flavonoide, die das Immunsystem stärken, bestimmten Krebsarten vorbeugen, den Blutdruck regulieren und Entzündungen hemmen, sie gelten zudem als Antioxidantien, und Chloride.

Fasziniert war ich allemal, doch meine Zahnpasta und Zahnbürste wollte ich dadurch auf keinen Fall ersetzen.

Ich spürte ein Kribbeln in meinem Körper: Ich war nicht nur auf den Spuren alter Kulturen, sondern auch das Eis zwischen mir und meinen Gastgebern war gebrochen, und ich hatte gespürt, dass sie genauso unsicher waren wie ich. Auf einen Schlag fühlte ich mich nicht mehr einsam, sondern aufgenommen und akzeptiert. Und nicht nur das, man hatte mir einen Ehrenstatus eingeräumt.

Mir wurde ein köstliches Frühstück serviert, bestehend aus starkem schwarzen Tee und Roti, einer Art Pfannkuchen, aus Mehl, Wasser und Salz hergestellt. Wiederrum beobachteten alle, wie ich aß, und mein Verzicht auf Zucker in Tee und auf Roti löste großes Erstaunen aus. Mama Pendezas Familie frühstückte mit mir, der eine oder andere versuchte, so wie ich, auf den Zucker zu verzichten. Doch ihre Mienen verrieten, dass Speisen ohne Zucker für sie ungeniessbar waren.

Rama fragte mich, warum ich keinen Zucker nahm, und ich erklärte ihm, dass Zucker vor allem in Amerika und Europa für Übergewicht und viele Zivilisationskrankheiten wie beispielsweise Diabetes verantwortlich sei. Ich sagte ihm, dass ich mich intensiv mit meiner Ernährung, deren Herkunft und meinem Grundumsatz beschäftige. Er dachte darüber nach, übersetzte es dann, und ich sah, wie die Dorfbewohner auf meine Informationen reagierten. Sie zeigten mir ihre schlanken Körper und liefen wie auf einem Laufsteg auf und ab. Wir schüttelten uns vor Lachen. Wie verbindend doch Lachen ist! Sie konnten stolz über ihre Figur sein: Babys, Kleinkinder, Kinder, Teenager, Erwachsene und Greise waren schlank und athletisch. Im Laufe der Zeit, als alle sich lockerer mir gegenüber verhielten, konnte ich sehen, dass die meisten Männer und Frauen Waschbrettbräuche hatten, ohne auch nur eine Minute Sport zu treiben. Ihre täglichen Aufgaben wie die langen Wege zum Wasserholen oder das Tragen von Lasten und das Bestellen der Felder reichten aus, um ihren Körper zu stählen. Ich war fasziniert. Bewegung in frischer Luft fördert körperliche Fitness. Solange der Mensch körperlich für seinen Lebensstandard sorgen muss, bleibt er schlank. Wow, kaum zehn Stunden vor Ort und schon so viele Erkenntnisse!

Ich erklärte Rama nun, dass ich gewohnt war, mich zu bewegen und dass ich joggen wollte. Es war ihm unbegreiflich: Ich wollte ohne Sinn und Zweck rennen? Die Mijikendas bewegten sich immer nur, wenn sie irgendetwas besorgen mussten – Wasser, Lebensmittel, Tausch oder Verkauf des Viehs –, doch nicht um der Bewegung willen.

Rama erklärte mir, dass er und seine Familie die Verantwortung für mich übernommen hatten und mich am Ende

meines Aufenthalts wohlbehalten in den Flieger setzen wollten. Da ich die Risiken des Buschs nicht kannte und den Umgang mit gefährlichen Tieren und wilden Pflanzen nicht gewohnt sei, könnte er mich nicht allein loslaufen lassen. Ganz
zu schweigen davon, dass eine Weiße, die zum Freundeskreis
von Peter gehörte, Gefahr lief, kurz vor dessen Wahl von
seinen Gegnern entführt zu werden. Darüber hatte ich mir
keine Gedanken gemacht. Ich war davon ausgegangen, dass
es niemanden interessierte, was ich tat. Aber ich konnte die
Lage dieses Landes nicht einschätzen, hatte keine Ahnung,
welche Regeln beachtet werden sollten. Wir einigten uns darauf, dass ich joggen gehen könnte, mich aber die Kinder be-
gleiteten.

So lief ich mit dreißig Kindern los, die barfuß über Stock
und Stein sprangen und mir, was die Kondition betraf, in
nichts nachstanden. Wir liefen vorwärts, rückwärts, langsam
und schneller, ich sang meine Kinderlieder, und alle stimmten in meinen Gesang ein. Unser erstes gemeinsames Joggen
war sehr bewegend. Nach etwa fünf Kilometern kehrten wir
um und liefen zurück. Die Kinder zeigten mir alles, was ihnen
in ihrer Pflanzen- und Tierwelt schön und bemerkenswert erschien. Ich war fasziniert und lernte die ersten Worte in ihrer
Sprache. Kommunikation kann so einfach sein! Nach circa
einer Stunde kamen wir erschöpft, glücklich und mit vielen
Blumen in der Hand im Dorf an.

Dann war der große Rundgang des Dorfes an der Reihe.
Acht Wohn- und Schlafhütten etwa in der Größe meines neuen
Zuhauses boten den siebzig Dorfbewohnern ein schützendes
Dach über dem Kopf. Das Stammesoberhaupt, Mr Chibiriti,
hatte ein Häuschen für sich allein, ebenso Katarin, eine mann-

und kinderlose Mittvierzigerin, völlig untypisch für Kenia. Sie hatte eine besondere Stellung in der Dorfgemeinschaft inne.

Alle Häuser waren kreisförmig um den Dorf- und Ritualplatz angeordnet, ihre Bauweise war sehr einfach. Monatelang wird nämlich Holz für das Holzgerüst geschlagen oder gekauft. Dann wird dieses mit Seilen zu einem Grundgerüst zusammengebaut. Es ist sozusagen das Skelett des Hauses. Das Dach wird entweder aus Palmblättern oder Wellblech gefertigt, wobei Wellblech für dortige Verhältnisse sehr teuer ist. Ton, Schlamm, Heu und Wasser werden zu einer breiigen Masse gemischt und zentimeterdick am Holzgerüst angebracht, Türen und Fenster werden ausgespart. Sobald die Masse trocken ist, ist das Haus bezugsfertig. Die circa zwanzig Quadratmeter Innenfläche sind in zwei bis drei Räume aufgeteilt, sodass größere Kinder ihr eigenes Refugium haben. Auf dem Lehmboden dient eine Palmmatte als Schlafstätte. Darauf liegen Tücher, um sich in der Nacht zudecken zu können. Kalt wird es in den Räumlichkeiten nicht, da sich an jeder Schlafstätte eine kleine Feuerstelle befindet und abends ein kleines Feuer zum Schutz vor den Stechmücken angezündet wird. Die Räume sind äußerst spärlich möbliert: selbst gezimmerte Tische und Stühle, die nicht besonders stabil aussehen, quer durch die Räume gespannte Schnüre zur Aufbewahrung der Kleidung. Keine Bilder, keine Deko-Gegenstände, alles ist ausschließlich funktional.

Zum Schutz vor dem Regen haben die Nutztiere – Ziegen, Kühe, Hühner und Gänse – ebenfalls kleine Hütten, allerdings ohne Lehmverkleidung.

Zwei weitere Hütten mit einer überdachten Veranda fungieren als Küchenhütten des Dorfes. Innen werden die Vorräte, die Küchengeräte und das Geschirr hoch gelagert, damit die Tiere keinen Zugang dazu haben. Auf der Veranda gibt es zwei offene Feuer-Kochstellen mit im Kreis angeordneten Steinen, die zum Abstellen der großen Töpfe dienen, unter denen kleine trockene Zweige angezündet werden. Hier wird das Essen für jeweils 35 Menschen zubereitet.

In zwei Häusern ist je eine »Duschkabine« untergebracht, die aus einem quadratförmigen Holzgerüst gebaut und mit Palmenblättern verkleidet ist. Natürlich gibt es weder eine Duschbrause noch fließendes Wasser. Man trägt einen Kübel mit kaltem bräunlichen Wasser hinein, befeuchtet den Körper damit, schäumt ihn mit Kernseife ein und kippt sich dann einen Kübel über den Körper. Reinlichkeit spielt auch im Busch eine große Rolle, allerdings ohne Deos, Cremes und Parfüms. Jeder riecht dort einfach nur nach sich selbst. In den nächsten Wochen sollte ich tatsächlich die Menschen an ihrem Eigengeruch erkennen – was keineswegs despektierlich gemeint ist.

Auch etwas, das wir in unserer zivilisierten Welt verloren haben. Wenn, wie es heißt, der Eigenduft eines Menschen bei der Partnerwahl eine entscheidende Rolle spielt, wie sollen wir dann den richtigen Partner finden, wenn dieser ihn mit übertriebener Körperpflege und dem Gebrauch von Hygieneartikeln übertüncht? Gehen darum bei uns die meisten Partnerschaften in die Brüche? Auch diese Frage trieb mich um.

In keiner Hütte entdeckte ich einen Spiegel. Eitelkeit schien dort keine große Rolle zu spielen. Das Aussehen war wohl eher zweitrangig: Alle meine Gastgeber hatten aus hygienischen Gründen einen kahl rasierten Kopf.

Verschwitzt vom Joggen nahm ich gleich meine erste Dusche. Ich zog mich in der Kabine aus, noch wusste ich nicht, wie im Busch mit Nacktheit umgegangen wurde, und ich wollte nicht das Schamgefühl der Menschen verletzen. Es war gar nicht einfach, auf den glitschigen Holzbrettern Halt zu finden, sich auszuziehen, die Kleider so zu verstauen, dass sie trocken blieben. Auch das Abstellen meines Duschschaums und meines Rasierers erwies sich als problematisch. Ich klemmte die Dinge einfach in das Holzgerüst zwischen die Palmblätter, die daraufhin brachen … Keine zwölf Stunden im Busch, und schon zerstörte ich erprobte Systeme. Mein »Rituals Duschschaum Happy Buddha« kam mir vor wie ein grober Fehler in einem Fehlersuchbild. Der orange leuchtende Spender mit seinen Orangen und Zedernholzduftnoten war irgendwie fehl am Platz. Ich seifte mich ein, die Palmwedel bewegten sich im Wind und kitzelten mich. Ich fühlte mich wie bei einem Dreh mit versteckter Kamera. Ich kicherte erheitert vor mich hin und kippte mir den Kübel Wasser über den Körper. Die Dusche fiel kurz aus! Ich fühlte mich dennoch erfrischt und sauber. Ich wickelte mich in mein flauschiges Lieblingshandtuch – ein weiterer Luxus, den ich mir gegönnt hatte – und lief in meine Hütte zurück, natürlich wieder von unzähligen Augen und verschämtem Kichern begleitet. Ich würde mich daran gewöhnen müssen!

Auf dem Dorfplatz tummelten sich immer unzählige Menschen: Männer, Frauen und Kinder, die in Ermangelung von Spielzeug ihrer Kreativität freien Lauf ließen und mit Blättern, Steinen, Sand und Zweigen spielten. Die Frauen saßen zusammen, bereiteten das Essen vor, erledigten Handarbeiten oder sinnierten über das Leben.

Als ich plötzlich spürte, dass ich meine Notdurft verrichten musste, geriet ich in Panik. Auf das Maisfeld wollte ich nicht gehen. Es grauste mir schon bei dem Gedanken, diesen Mais später zu essen. Ganz schön töricht von mir, nicht wahr? Werden doch in der Landwirtschaft sämtliche Acker mit der Jauche von Tieren gedüngt. Ich schämte mich für meine Gedanken, doch ich musste mich um eine Lösung meines Problems bemühen. Es blieb mir nichts anderes übrig, als Rama zu fragen, wo ich ungestört mein Geschäft verrichten könnte. Er grinste mich an und bat mich, ihm zu folgen. Die Nachbarsfamilie hatte eine Toilette. Wir liefen zu den Nachbarn, die freudig aufsprangen und uns willkommen hießen. In Windeseile sprach es sich herum, dass die Mzungu (die Europäerin, die Weiße) da war. Es strömten wieder Dutzende von Menschen herbei. Ich war das Highlight des Dorfes! Ich schüttelte unzählige verschwitzte, schwielige, kleine und große Hände, mit festem oder schlaffem Händedruck. Ein Händedruck kann viel über die Persönlichkeit, über den Charakter aussagen. Da ich seit Jahren das Händeschütteln, den Händedruck, die Handgröße, die Form und die Temperatur der Hand analysierte, konnte ich sofort die Dorfvorsteher herausfiltern und spüren, mit wem ich in Zukunft vorsichtig umgehen sollte. Meine Erkenntnisse konnte ich also auch in Afrika anwenden. Ich führte ein wenig Smalltalk und setzte mein soziales Lächeln auf. Zu mehr war ich nicht fähig.

Rama schien meine Not zu erkennen und führte mich schnell zu einem Toilettenhäuschen, das mit einem Schloss gesichert war. Ein scheußlicher Gestank schlug mir entgegen, und ich musste würgen. Aber ich musste das durchstehen … Der Boden war betoniert und wies in der Mitte ein großes Loch auf. Ich leuchtete mit meiner Handytaschenlampe nach unten und schreckte damit Tausende Insekten auf. Würgend, angeekelt, mit knallrotem Kopf kam ich wieder heraus, atmete in vollen Zügen die frische Luft ein.

Ich brauchte nicht viel zu sagen, Rama hatte mein Mienenspiel entschlüsselt. In den nächsten Wochen sollte mir immer klarer werden, dass wir in den Gesichtern anderer Menschen sehr wohl ganz ohne Worte lesen können. In Afrika scheint dieses genetische Erbe noch erhalten geblieben zu sein, während uns in Europa die Fähigkeit der nonverbalen Kommunikation immer mehr abhandengekommen ist. Wir trauen dem gesprochenen Wort mehr und akzeptieren die falschen Masken unseres Gegenübers. In Afrika scheint alles echter, ursprünglicher, aber auch härter zu sein.

Rama nahm mich zur Seite, drückte mir eine kleine Spitzhacke in die Hand und wies mir den Weg in die Büsche. Das gesamte Dorf schaute mir lächelnd und aufmunternd hinterher. Ich suchte mir ein nicht einsehbares Plätzchen, grub ein Loch in den Boden und hockte mich nieder. Welch merkwürdiges Gefühl! Zum Abputzen benutzte ich herumliegende Blätter und schaufelte dann meinen Haufen wieder zu. Zurück im Dorf fehlte nur noch der Applaus. Was hatte ich nur für einen Akt aus einem völlig natürlichen Bedürfnis gemacht! Auch damit sollte ich nun aufhören.

Bei jeder für mich ungewohnten Begebenheit hatte ich das Bedürfnis, das Telefon zu zücken, Bilder zu machen und den Moment mit meinen Freunden zu teilen. Es kostete mich große Überwindung und Disziplin, mich an meine selbst auferlegten Regeln zu halten. Nur ein Bild, nur eine WhatsApp. Netzverbindung hatte ich an drei Stellen, das hatte ich gleich herausgefunden. Am ersten Tag lief ich völlig überdreht durchs Dorf, checkte unauffällig jeden Millimeter nach Empfang und fand drei Stellen, an denen ich im Notfall Kontakt zu meinen Lieben aufnehmen konnte. Doch ich hielt mich eisern an meine Entscheidung, ich schickte bei meiner Ankunft nur die ersten Videos und den ersten Blog und schaltete dann das Handy schweren Herzens wieder aus.

Wie selbstverständlich es doch geworden ist, die eigenen Erlebnisse und Erfahrungen zu fotografieren, zu filmen und binnen Sekunden mit der halben Welt zu teilen. Doch um den Moment für die Abwesenden und für die Zukunft festzuhalten, verpassen die Menschen oft, die Gegenwart voll zu genießen.

Wie sagt Beat immer so schön: »Im Hier und Jetzt gibt es keine Probleme!« Diese entstehen erst, wenn wir in die Zukunft schauen oder wehmütig in die Vergangenheit zurückblicken. Die Zukunft macht uns Angst, die Vergangenheit lässt uns schuldig fühlen. Doch beide sind virtuell, sie sind nur Gedanken in unserem Kopf, denen wir zu viel Bedeutung beimessen. Während Vergangenheit und Zukunft weit entfernt sind, ist die Gegenwart ein kleiner, überschaubarer Ausschnitt der Realität. Wenn wir unsere Gedanken nur in die Vergangenheit oder die Zukunft schweifen lassen, überkommt uns oft das Gefühl der Ohnmacht, der Hilflosigkeit, der Sinnlosigkeit. Die Gegenwart übergehen wir dabei einfach. Doch nur in der Gegenwart findet das Leben mit all seinen Facetten, seinen bunten, schillernden Farben statt.

Das durfte mir nicht passieren! Ich wollte bewusst und der Gegenwart gewärtig sein. Ich nahm mir vor, einige Momente für die Nachwelt, für ein Buch und vielleicht für eine Dokumentation festzuhalten, doch den gegenwärtigen Moment nie aus den Augen zu verlieren. Ich wollte mich nicht durch

Bücher, Internet oder andere Zeitfresser ablenken lassen. Ich wollte voll und ganz im Hier und Jetzt leben und diese wahrscheinlich lebensverändernde Reise mit allen Sinnen genießen.

Um meine Entzugserscheinungen zu lindern, fing ich an, fiktive Dialoge zu führen. Ich tat so, als wären meine Freunde bei mir. Vor allem hielt ich Zwiesprache mit meiner besten Freundin Susi. Sie ist der Mensch, der mich immer versteht, die mich so nimmt, wie ich bin. Mit ihr kann ich weinen, lachen, philosophieren, schweigen. Jeder Moment mit ihr ist für mich eine Bereicherung.

Als Kind war ich ein unbeliebtes, unscheinbares, komplexbehaftetes und eher schüchternes Mädchen. Ich war häufig Opfer von Hänseleien oder Gewalt und musste im Sport bei Auswahlverfahren meist bis zum Schluss warten, ehe ich in eine Mannschaft gewählt wurde. Diese schmerzhaften Erinnerungen prägten mich lange, bis ich beschloss, dem ein Ende zu setzen. Wenn ich beispielsweise ein Seminar besuchte, stellte ich fest, dass ich mich sorgte, ob der Platz neben mir besetzt sein und ob ich einen Platz in der Gruppe finden würde. Richtige Freunde hatte ich jahrzehntelang nicht. Meist waren die Menschen, mit denen ich Zeit verbrachte, Schicksalsgefährten, die wie ich zu den wenig beliebten Außenseitern zählten.

Umso glücklicher bin ich heute, dass ich meine Vergangenheit weitgehend hinter mir lassen konnte. Mithilfe von Therapeuten, Reflexion und meiner eigens entwickelten Hypnosetherapiemethode *Mesmerize-it* bin ich mit vielen Problemen meines Lebens fertiggeworden. Es lohnt sich, sich von Altlasten zu befreien!

Es ist mir ein Bedürfnis, mich auszutauschen, meine Erlebnisse zu teilen, meinen Gedanken eine Stimme zu geben.

Denn nur dann bekommen sie Leben eingehaucht und durch die Meinung und Sichtweise anderer eine neue Bedeutung. Martin Luther wird sinngemäß folgender Satz zugeschrieben: »Schlechte Gedanken sind wie Vögel. Wir können nicht verhindern, dass sie um unseren Kopf kreisen. Aber wir können verhindern, dass sie auf unserem Kopf nisten.« Ja, indem wir sie loslassen, teilen, weiterfliegen lassen!

Mein erster Tag im Busch verging schnell, ich spielte mit den Kindern, sie zeigten mir ihre Schulunterlagen, ihre Spiele. Ich hüpfte, tanzte, sang, machte mich zum Affen, und alle – einschließlich meiner selbst – schüttelten sich vor Lachen aus.

Am Abend durfte ich in die Küchenhütte, wo mir gezeigt wurde, wie Ugali zubereitet wird. Mais ist das einzige Getreide, das ohne Probleme und Aufwand in Kenia überall wächst und gedeiht. Nach der Ernte werden die Maispflanzen zum Trocknen und Mahlen weggegeben. Das Dorf erhält das daraus gewonnene Maismehl zurück. Ugali ist das Grund- und meist auch das einzige Nahrungsmittel im Busch. Es wird unter Zugabe von Salz und Wasser zu einer zähen Masse von einer etwas dickeren Konsistenz als Kartoffelbrei gekocht und wird, wenn es abgekühlt ist, in Scheiben geschnitten oder zu Kugeln geformt und mit den Händen gegessen. Der hohe Stärkeanteil sättigt lange und nachhaltig. Doch so richtig lecker ist es nicht!

Als die Sonne untergegangen war, wurde es ruhiger, und nach und nach begaben sich alle zur Nachtruhe. Ich kroch in mein Moskitozelt und ließ den Tag mit all den Eindrücken und widersprüchlichen Gefühlen Revue passieren. Von Scham über Trauer, Freude und Leichtigkeit war heute alles vorhanden. Eine Achterbahnfahrt – so, wie das Leben eben spielt!

Auf Entzug – überleben ohne Freunde, Kaffee, Zucker, soziale Medien und sanitäre Anlagen

Die nächsten Tage vergingen wie im Flug, so viel Neues prasselte auf mich ein. Meine Tagesstruktur festigte sich. Schon aufgrund der mangelnden Elektrizität war sie klar geregelt: Bei Sonnenaufgang standen wir auf, bei Sonnenuntergang saßen wir noch etwa drei Stunden am Feuer oder im Dunkeln, gegen 21/22 Uhr legten wir uns hin. Wider Erwarten schlief ich recht gut auf meiner Palmmatte, eingekuschelt in meinen Schlafsack. Aufgrund der Feuchtigkeit fing allerdings mein Moskitozelt an zu muffeln. Ich spritzte es täglich ab, doch es half nichts. Auch ich fühlte mich dauernd schmutzig. Was das Wasserlassen betraf, hatte sich mein Körper bereits den Gegebenheiten angepasst, mehr als drei- bis viermal pro Tag brauchte ich nicht zur Toilette zu gehen. Meine Blasenkapazität musste sich um ein Vielfaches vergrößert haben. Die ungewohnte Nahrung blähte meinen Bauch auf – oder waren das die Folgen des Entzugs von Latte macchiato und Zucker?

Abends erzählten wir uns unsere Lebensgeschichten, redeten über Alltägliches oder starrten einfach nur ins Feuer. Ich näherte mich diesem Urvolk immer mehr an, wurde mit schweren Schicksalsschlägen konfrontiert. Besonders nah gingen mir Geschichten von Frauen, die von den neuen Ehefrauen ihrer Männer aus dem Dorf getrieben wurden. Als Moslem durfte man bei diesem Volk offiziell viermal heiraten, doch so richtig ernst wurde diese Ehebeschränkung nicht genommen, so war beispielsweise mein Stammesoberhaupt offiziell fünfmal verheiratet. Es war auch legitim, dass der Mann darüber hinaus mehrere Geliebte hatte.

Wenn eine Frau verbannt wurde, musste sie alles zurücklassen, auch die Kinder, und um die Aufnahme in einem neuen Dorf bitten. In »meinem« Dorf gab es vier Frauen, die dieses Schicksal erlitten hatten. Sie hatten dort ein neues Leben begonnen, wurden als Geliebte geduldet und hatten weitere Kinder bekommen. Sie hatten jeglichen Kontakt zu den Kindern aus ihrer Ehe abgebrochen und taten so, als existierten diese nicht. Wahrscheinlich war es ihre Art, damit klarzukommen. Sie wollten auch nicht mit mir über ihr »Vorleben« sprechen – nach der mir aus meiner Praxis hinlänglich bekannten Vogel-Strauß-Taktik: Der Schmerz ist so groß, dass die Betroffenen den Kopf in den Sand stecken und zum Selbstschutz alles verdrängen, was sie nicht wahrhaben möchten. Denn, was man verdrängt, entzieht sich der Wahrnehmung und kann nicht in Gefühle, Gedanken und Handlungen umgewandelt werden. Leider holt es einen irgendwann doch ein …

Ich erfuhr von Menschen, die viel zu früh das Zeitliche gesegnet hatten, so beispielsweise von Ramas Vater, der nachts auf dem Heimweg von der Arbeit von einem Lkw totgefahren wurde. Rama war damals zwölf Jahre alt und siedelte nach dem Tod des Vaters in »mein« Dorf über, zu Mama Pendeza, die zweimal verheiratet ist, was offiziell eigentlich gar nicht möglich ist. Doch im Busch schert man sich nicht um Gesetze. Die meisten sind nicht offiziell verheiratet, da es sogenannte Brautpreise gibt. Man muss dabei an die Eltern der Braut einen vereinbarten Preis zahlen. Dieser kann von einer Kuh bis zu einer ganzen Viehherde variieren. Rama erklärte mir, dass es über vierzig Volksgruppen mit eigenen Regeln, Traditionen und Kulturen gebe. Solange ein Mann für jede Frau sorgen und ihr eine Hütte bereitstellen kann, kann er bei den Mijikendas so viele Frauen haben, wie er will.

Mr Chibiriti wurde seinen fünf Frauen auf den ersten Blick gerecht. Er hatte ein ausgeklügeltes System: Jede Woche war eine andere Ehefrau zu Gast in seiner Hütte. Liebevolle, zärtliche Gesten fielen mir nicht auf, er behandelte alle respektvoll. Mama Pendeza schien die Anführerin der Frauentruppe zu sein, denn alle akzeptieren ihre Weisungen.

Ein anderer Fall: Der Vater der Kinder, die mir sehr ans Herz gewachsen sind, starb mit vierzig Jahren im Dorf an einem Herzinfarkt. Um einen Job zu finden und für die Familie sorgen zu können, machte sich daraufhin seine Frau in die Stadt auf. Sie ließ ihre sieben Kinder im Dorf zurück und kam alle drei bis vier Wochen zu Besuch. Die Großmutter hatte die Verantwortung für die Kinder übernommen. Sie war aber völlig überfordert, schrie herum, schlug und verlor immer wieder die Nerven. Ich hörte, wie sich die Kinder nachts in den Schlaf weinten. In dieser Familie fehlte es an allem. Alle waren bis auf die Knochen abgemagert, ihre Kleidung bestand nur noch aus Fetzen, die vor Dreck standen. Keines der Kinder konnte mehr zur Schule gehen, da sie schon zwei Jahre mit den Schulgebühren im Rückstand waren. Ich zermarterte mir den Kopf, um ihr Leid zu mildern.

Dann gab es eine geistig behinderte Mitbewohnerin, die bei Feldarbeiten von einem Unbekannten vergewaltigt und geschwängert worden war. Keiner hatte davon Kenntnis genommen. Monate später gebar sie einen hübschen, ebenfalls geistig behinderten Jungen, Julius. Ich beschäftigte mich viel mit ihm.

Wahrscheinlich erinnerte er mich an meinen Bruder, der auch geistig behindert auf die Welt kam, als ich drei Jahre alt war.

Ein weiteres Schicksal: Mohamed, 28 Jahre alt, war mit einer körperlichen Behinderung auf die Welt gekommen und lernte nie laufen, seine Beine waren verkümmert. Er hatte noch nie das Dorf verlassen, war nicht in die Schule gegangen und saß Tag für Tag am gleichen Platz vor seiner Hütte.

Ich war tief betroffen von all diesen Geschichten, empfand Mitleid, und gleichzeitig plagten mich Schuldgefühle: Wir müssen dankbar dafür sein, dass wir so privilegiert und ohne existenzielle Sorgen aufwachsen dürfen! Ich habe die größte Hochachtung vor diesen Menschen, die ihr Schicksal meisterten und ohne zu klagen nach vorne blickten. Doch hatten sie eine andere Möglichkeit?

Mich erfasste eine große innere Unruhe, alles wühlte mich auf. Ich rannte wie der Duracell-Hase aus der Fernsehwerbung durch das Dorf, checkte, ob meine Telefon- und Internetverbindung funktionierte – natürlich nur für den Fall der Fälle. Ich konnte mir nicht erklären, dass ich das Telefon öfter in der Hand hielt. Automatisch wollte ich wohl meine Mail-Posteingänge checken. Wie fremdgesteuert ich doch war! Ich war mir bislang nicht bewusst gewesen, dass ich von meinem Smartphone so abhängig war. Ich fühlte mich von der Welt abgeschnitten, alleine unter Fremden.

Ich überprüfte hektisch meine Solaranlagen. Der Gedanke an leere Akkus an Computer, Fotoapparat und Smartphone ließ mir den Schweiß ausbrechen und versetzte mich in Panik. Natürlich wieder nur für den Fall der Fälle, so redete ich es mir zumindest ein. Mehrfach täglich richtete ich die Solarpaneele neu aus und überprüfte den aktuellen Energiestatus. Ich war wie besessen … Meine Taschenlampe wurde zu meinem besten Freund. Nachts musste sie vollgeladen sein. Ein Toilettengang ohne Taschenlampe war undenkbar.

Mein Wasserkontingent war nun rationiert. 150 Liter sind gar nicht so viel, wie ich glaubte. Wenn man sich damit waschen, die Zähne putzen und seinen täglichen Trinkbedarf decken muss, ist der Vorrat schnell aufgebraucht. In sieben Tagen hatte ich bereits über 50 Liter verbraucht. Ich hatte Angst, Mangel zu leiden, verteidigte meinen Wasservorrat wie eine Löwin, wurde egoistisch und trank heimlich, um nicht teilen zu müssen.

Anlässlich der Produktion meiner DVD *Lügen haben schöne Beine* habe ich über die ersten bekannten Lügen gelesen. Stammeshäuptlinge logen über ihre Jagderfolge, sie vergruben Fleisch und andere Nahrungsmittel, teilten nur die Mindestmenge mit ihren Bewohnern. Sie achteten darauf, die Nahrung so zu verteilen, dass es genug Männer gab, die den Stamm verteidigen konnten, und hielten so viel an Nahrung zurück, dass sie und ihre Stammhalter im Notfall überleben konnten. Damals stimmte mich diese Erkenntnis traurig, bin ich doch ein Fan von Gerechtigkeit. Doch die Realität nach nicht mal einer Woche im Busch sah ernüchternd aus, auch ich hortete und wurde knauserig.

Täglich joggte ich mit den Kindern meine zehn bis fünfzehn Kilometer. Danach waren meine Gymnastikübungen via App an der Reihe. Auch dabei machten die Kinder voller Freude und Hingabe mit. Die Erwachsenen quittierten diese Routine mit einem Schmunzeln, das klar zum Ausdruck brachte, dass sie mich mit meinen Angewohnheiten doch ziemlich schräg fanden.

Unsere gemeinsamen Spiele-Nachmittage waren meine Highlights. Nachdem die Kinder von der Schule heimgekehrt waren, trafen wir uns auf dem Dorfplatz. Sie führten mir ihre Spiele vor, und ich zeigte ihnen die Spiele meiner Kindheit. Wir lernten voneinander, sangen, spielten und tanzten zusammen.

Beim Essen gab es keine Abwechslung: morgens Schwarztee mit Roti, sofern Weizenmehl vorhanden war, abends Ugali. Ich war dieses Essens überdrüssig, es machte nur lang anhaltend satt, weil es wie ein Stein im Magen lag und Energie lieferte. Freude kam dabei nicht auf. Die Dorfbewohner schienen es aber zu mögen. Sie zelebrierten ihre Mahlzeit: Sie setzten sich auf den Boden und aßen genussvoll mit den Händen von ihren Plastiktellern. Es blieb nie etwas übrig. Hunde, Katzen, Hühner und Enten lauerten darauf, dass etwas zu Boden ging. Auch sie mochten Ugali.

Der Umgang mit den Tieren ging mir sehr unter die Haut. Die Hunde und Katzen waren abgemagert, verwildert, von Zecken befallen. Sie wurden getreten, geschlagen und vertrieben. Es war, als würden alle ihre Aggressionen an ihnen auslassen. Ich kümmerte mich um sie, befreite sie von den Zecken und versuchte, liebevoll mit ihnen umzugehen. Und ich teilte mein Ugali mit ihnen. Die Dorfgemeinschaft war über mein Verhalten irritiert. Tiere hatten dort eine völlig andere Stellung als bei uns. Hunde hatten nur eine Wachfunktion, um das Dorf auf ungebetene Besucher aufmerksam zu machen. Es schien ungeschriebene klare Regeln zu geben: Enten und Hühner waren für sie tabu, Mäuse und Ratten hingegen durften gejagt und gefressen werden. Ein Hund durfte sich überall hinlegen, solange der Platz frei war; wurde dieser von einem Dorfbewohner beansprucht, suchte der Hund sich ein neues Plätzchen. Eine Erziehung im klassischen Sinne gab es nicht. Interessant war, dass die Kinder immer mehr meinem Vorbild folgten und liebevoller mit den Hunden und Katzen umgingen. Vor meinen Augen fanden keine Tiermisshandlungen mehr statt.

Jeden zweiten Tag ging ich zur Shamba, der Feldpflege. Ausgerüstet mit Haken und mit Gras gefüllten Kartoffelsäcken zogen wir zu den Feldern, die von den Dorfbewohnern bewirtschaftet wurden. Auf den Maisfeldern rupften wir das Unkraut, lockerten mit den Hacken den Boden, brachten zwischen den Maispflanzen eine Schicht aus Gras und Heu an, um die Feuchtigkeit in der Erde zu halten. Alles wurde mit viel Geduld und Hingabe gemacht. Die Feldarbeit wurde meist von den Frauen und Kindern erledigt. Da ich an körperliche Arbeit nicht gewohnt war, konnte ich mich abends kaum bewegen. Mein Kreuz tat weh, jeder einzelne Muskel schmerzte. Kein Wunder, denn bei meiner täglichen Arbeit werden nur ein paar Muskelgruppen und vor allem mein Gehirn beansprucht.

Das Wasserholen stellte sich als Schwerstarbeit heraus. Das, was in Videos und Filmen lustig und leicht aussieht, 15- oder 20-Liter-Kanister auf dem Kopf zu balancieren, ist eine körperliche und feinmotorische Herausforderung, die im Busch schon Vierjährige meistern. Bis zum letzten Tag meines dortigen Aufenthalts gelang es mir nicht, einen kleinen 10-Liter-Kanister freihändig auf dem Kopf zu balancieren. Lag es an meiner Kopfform, den vielen Haaren oder einfach nur an meiner Ungeschicktheit? Vielleicht sah ich aber einfach keinen Sinn darin, das zu beherrschen. Was sollte ich damit in meiner Welt anfangen?

Wir liefen täglich zwölf Kilometer, um Wasser zu holen. Ein Heer von Menschen ist nötig, um den Wasserbedarf eines Dorfes zu sichern. Wenn es regnete, schöpften wir das Wasser sogar aus den Pfützen und nutzten es für die verschiedensten Belange.

Ich fragte mich, ob die Industrialisierung unsere Körper und Gehirne verändert hat. Hat die mangelnde Bewegung zu einer Degeneration des Körpers und seiner Fähigkeiten geführt? Treiben wir deshalb so viel Sport, weil es in unserem Alltag einfach nicht mehr normal ist, sich zu bewegen?

Die verklärte Abenteuerromantik war sehr schnell verflogen, nach nur wenigen Tagen hatte der Alltag die Oberhand bekommen. Und dieser war ziemlich hart. Obwohl ich seit meiner Ankunft im Busch keine einzige Mail beantwortet hatte, nicht wusste, wie mein Business lief und wie meine Umwelt mein Abenteuer verfolgte, fühlte ich mich angespannt und gestresst. Vielleicht stresste mich genau das – nicht zu wissen, was lief.

Doch am meisten vermisste ich die Sauberkeit und Hygiene der westlichen Welt. Auch ein Gespräch mit Susi, Beat oder Klaus hätte mich gleich besser fühlen lassen.

Doch Jammern nützte nichts. Ich stand nun am Scheideweg: Ich musste mich für oder gegen das Abenteuer entscheiden.

Mein inneres Teufelchen flüsterte schon eine Weile: »Gib auf, das brauchst du doch gar nicht. Such dir ein tolles Hotel und genieße Afrika, du hast genug gesehen und hast bewiesen, keine Pussy zu sein!« Mein Engelchen soufflierte mir hingegen: »Bleib, nun weißt du, wie es ist. Du hast die wichtigsten Tage überstanden. Du kannst hier etwas bewegen, etwas hinterlassen. Gib nicht auf! Es ist die Reise deines Lebens! Du schaffst das! Vertraue dir selbst, du wirst es nicht bereuen, wenn du bleibst!«

Im Leben muss man Entscheidungen treffen, überall stoßen wir auf Kreuzungen, Sackgassen, Einbahnstraßen, Baustellen und Hindernisse. Natürlich wäre es einfach, die Koffer zu packen, zu flüchten, in das bekannte Leben zurückzugehen. Doch war ich da glücklich? Wenn immer alles bleibt, wie es ist, wie soll man wachsen und sich weiterentwickeln? Wie sagte Albert Einstein so schön: »Die reinste Form des Wahnsinns ist es, alles beim Alten zu lassen und gleichzeitig zu hoffen, dass sich etwas ändert.«

Umkehren war für mich noch nie infrage gekommen. Man wächst mit seinen Aufgaben.

Was bleibt: Akzeptanz und Loslassen

Um das Abenteuer Leben zu bestehen und immer wieder neue, belebende Erfahrungen zu machen, ist es nötig, sich auf Neues einzulassen. Ich habe ein Vier-Schritte-Programm entwickelt, das mir regelmäßig hilft, trotz Ängsten und Unsicherheiten die nächsten Schritte zu gehen.

Grundsätzlich hat jede Veränderung drei Phasen. Die erste Phase ist der Start. Sie haben erkannt, dass sich etwas verändern muss, kann oder darf. Sie entscheiden, was Sie von Ihren Erfahrungen, Ihrem Wissen mitnehmen oder zurücklassen möchten. Dinge loszulassen kann wehtun. Deshalb ist es einfacher, dies mit einem Abschiedsritual zu tun. Schreiben Sie die Punkte auf einen Zettel oder auf einen Stein. Den Zettel können Sie verbrennen oder als Papierschiffchen zu Wasser lassen. Den Stein können Sie meterweit von sich wegwerfen oder ihn ebenfalls im Wasser versenken. Lassen Sie den Abschiedsschmerz zu, schließlich lassen Sie Vertrautes hinter sich!

Die zweite Phase ist die sogenannte Übergangsphase. Das Neue hat schon begonnen, das Alte ist noch nicht ganz abgeschlossen. Der neue Weg ist durch Unsicherheiten, Zweifel und Rückfälle geprägt. Schließlich betreten Sie Neuland, jeder Schritt ist eine Herausforderung, an jeder Weggabelung werden Sie mit neuen Hindernissen und Entscheidungen konfrontiert. Manchmal ertappen Sie sich dabei, wie Sie sich nach dem Altvertrauten zurücksehnen, sich die alten Umstände schönreden. Vielleicht haben Sie auch Angst davor, wie Ihr Umfeld auf ihre Veränderungen reagieren wird. Jetzt heißt es, stark bleiben! Prüfen Sie, was es zu gewinnen gibt und welche Chancen sich ihnen bieten werden. Malen Sie sich ihre Zukunft in den schillerndsten Farben aus, fangen Sie an tagzuträumen, wie Sie es als Kind getan haben. Treffen Sie nochmals bewusst die Entscheidung für das neue Leben. Je intensiver der Reifungsprozess, umso klarer und energetischer fällt die Entscheidung für das Neue aus.

In der dritten Phase sind Sie im Neuen angekommen. Sie haben dann die wichtigsten Schritte wunderbar gemeistert. Sie haben sich entschieden, ihr Leben zu ändern, haben sich von Belastendem getrennt und die schmerzhafte und ungewisse Zeit des Überganges bewältigt. Diese Phase kann mit viel Freude, Leichtigkeit, Energie und der Lust am Experimentieren verbunden sein, nur noch selten gibt es Rückschläge. Ihr Gehirn überschreibt die schlechten Erfahrungen mit den guten.

1. *Akzeptieren was war und bereit sein für das, was kommt, mit all den damit verbundenen Überraschungen und Veränderungen!*

Die meisten von uns lieben das Vertraute, das sie richtig einschätzen und mit dem sie gut umgehen können. Wir lieben Abläufe, die wir im Schlaf beherrschen, eine Umgebung, in der wir uns blind zurechtfinden, Menschen, die wir kennen und beurteilen können. All dies vermittelt uns Sicherheit und Geborgenheit. Wir befinden uns damit in der Komfortzone, diese vermeintliche Sicherheit ist aber trügerisch, denn sie verengt unseren Blick, friert unser Gehirn ein und macht uns unflexibel. Zu Beginn unseres Lebens war alles neu, aufregend und oft genug auch herausfordernd oder gar schwierig. Stellen Sie sich nur mal vor, Sie hätten nach dem ersten gescheiterten Versuch zu laufen, sofort aufgegeben. Als Kind und Jugendlicher ist man einer Vielzahl von Veränderungen ausgesetzt. Im Kindergarten, in der Schule, in der Ausbildung, im Studium macht man permanent neue Erfahrungen. Man ist auf der Suche nach dem eigenen Platz im Leben und meistert fast spielerisch die damit verbundenen Herausforderungen. Warum lesen Sie dieses Buch? Weshalb hat mein Abenteuer Sie angesprochen? Spüren Sie möglicherweise, dass auch in ihrem Leben Veränderungen anstehen?

Beim ersten Schritt ist es wichtig, das, was kommen wird, willkommen zu heißen, es ebenso anzunehmen, wie das, was war. Ich glaube fest daran, dass uns das Leben immer wieder neu herausfordert, damit wir lernen, unser Wissen erweitern, Standpunkte überdenken und unsere Persönlichkeit entfalten.

Nehmen Sie sich ein paar Minuten Zeit, um Ihr bisheriges Leben Revue passieren zu lassen. Notieren Sie die wichtigsten Meilensteine in ihrem Leben, was hat sie geprägt, wo sind sie gescheitert, welche Krisen haben Sie durchlebt, welche Schicksalsschläge überlebt? Welche dieser Erfahrungen haben Sie am meisten geprägt? Hat sich im Rückblick etwas Positives aus dem Negativen entwickelt? Welche Menschen waren oder sind ihre Wegbegleiter? Welche Stärken benötigten Sie, um diese Herausforderungen zu meistern? Wie empfinden Sie diese Erlebnisse im Nachhinein? Welche Veränderungen stehen noch an, was möchten Sie noch erreichen?

Die meisten Menschen sind über den Ausgang dieser Übung überrascht. So viele spannende Erkenntnisse! In jedem von uns stecken so viel Kraft und Stärke, das Leben zu meistern und immer wieder neue Hürden zu überwinden, sich besser kennenzulernen und dabei immer mehr Verantwortung für sich selbst zu übernehmen.

2. *Blicken Sie dem Leben optimistisch entgegen!*
   Das Leben geht immer weiter. Sind Sie nicht auch immer wieder verblüfft, dass nach schlimmen Schicksalsschlägen am nächsten Tag die Sonne aufgeht, als wäre nichts gewesen …

   In herausfordernden Situationen ist es nicht immer einfach, positiv zu bleiben. Doch ist Ihnen bewusst, dass Sie Gedanken und Gefühle durch die Produktion der entsprechenden Hormone selbst steuern? Unser Körper ist eine Hexenküche, in der alles von uns selbst produziert und gesteuert wird. Pessimistische Gedanken fressen

Energie, machen müde, niedergeschlagen und perspektivlos. Versuchen Sie, auch in misslichen Situationen optimistisch zu sein, das Geschehnis aus unterschiedlichen Blickwinkeln zu beleuchten. Alles im Leben hat zwei Seiten! Ich erinnere mich noch, als ich in meinem letzten Arbeitsverhältnis kündigte, all die wunderbaren Menschen verlassen musste, den tollen Job aufgab, um mich in das Abenteuer Selbstständigkeit zu stürzen. Ich fühlte mich so traurig, leer, unsicher, weinte mehrere Tage, vermied den Kontakt zu meinen Mitarbeitern, hatte Angst vor dem Ungewissen, und doch war da die andere Seite: Hoffnung, Freude, etwas Eigenes kreieren, sich selbst ausleben zu dürfen! Ich entschied, mich auf die schöne Seite zu freuen, mich vom Alten zu verabschieden, aber auch zu trauern, denn Ablöseprozesse dürfen auch Trauermomente beinhalten!

Der Pessimist ist beherrscht von Unsicherheit, Angst und Scham, der Optimist von Freude, Hoffnung, er ist Chancenfinder und Problemlöser, der weiß, dass es am Ende des Tunnels immer Licht gibt. Sie entscheiden, ob Sie positive oder negative Gedanken haben und damit Ihre Welt gestalten. Alle Gedanken, positiv wie negativ, entscheiden über die Qualität unseres Lebens. Optimisten wie Pessimisten sind großartige Propheten! Unsere Gedanken beeinflussen nicht nur unsere Erwartungen, sondern auch unser Befinden und die Steuerung der Hormonausschüttung in unserem Körper. Das Denken und Aussprechen von Flüchen, selbstzerstörenden Wortfolgen und Tabuwörtern fördern die Freisetzung von Stresshormonen. Fangen Sie an, Ihre Gedanken zu analysieren. Wie reden Sie mit sich selbst? Selbstempathie, die Fähigkeit, liebevoll und wertschätzend mit sich selbst umzugehen, ist der Schlüssel zur Zufriedenheit und Gesundheit.

3. *Vertrauen Sie auf sich!*
Jeder von uns hat schon viele herausfordernde Momente erlebt. Hat am eigenen Leib gespürt, dass die Medaille immer zwei Seiten hat und es bei allem Schlechten auch immer gute Aspekte gibt. Wir sind stärker, als wir glauben! Doch wir scheinen das zu vergessen, wenn wir im Hamsterrad der Angst gefangen sind.

Was macht das Gefühl des Selbstvertrauens, der Zufriedenheit, des Wohlbefindens eigentlich aus? Diesen Fragen sind die Forscher um den Medizinsoziologen Aaron Antonovsky, dem Vater der Salutogenese, auf den Grund gegangen. Sie stießen dabei auf das Phänomen des Kohärenzgefühls. Dies bedeutet, dass man die Zusammenhänge des Lebens versteht und überzeugt ist, dass man das eigene Leben mitgestalten und beeinflussen kann. Es ist der Glaube, dass das eigene Leben einen Sinn hat.

Wir fühlen uns kohärent, wenn wir das Leben verstehen und es mit einer Sinnhaftigkeit versehen haben. Daraus ergibt sich die Bereitschaft, sich mit den Herausforderungen des Lebens produktiv auseinanderzusetzen. Ein Mensch, der Kohärenz empfindet, kann am Ende des Tages mit großer Wahrscheinlichkeit von sich behaupten, dass er sein Bestes getan, sich sinnvoll engagiert und betätigt hat und mit dem, was ihm am Herzen liegt, ein Stück weitergekommen ist.

Schaffen Sie sich ein WUNDERVOLL-Coaching-Glas an. Ich habe ein ganz großes Einwegglas, liebevoll beschriftet und verziert. Jeden Abend schreibe ich meine Highlights, meine schönen Momente, meine kleinen und großen Erfolge auf ein Blatt Papier. Wenn ein Tag mal nicht so rosig verläuft, greife ich einfach gierig in die Highlights der letzten Tage, lese sie, und der schlechte Beigeschmack ist weg!

4. *Eigenverantwortung entwickeln – Selbstwirksamkeit entdecken!*

Wenn es im Leben nicht ganz nach Wunsch verläuft, sucht man sehr schnell einen Schuldigen und berücksichtigt nicht den eigenen Beitrag, der zu dieser Situation geführt hat. Dies ist auf den ersten Blick praktisch, da man keine Verantwortung übernimmt und den eigenen Selbstwert nicht infrage stellt. Langfristig lähmt uns aber diese Sichtweise und macht uns abhängig, wir fühlen uns ohnmächtig und fremdgesteuert.

Wir können selbst entscheiden, wie wir im Rahmen der sozialen und gesellschaftlichen Regeln agieren möchten. Dies funktioniert nur, wenn uns bewusst ist, dass wir die Verantwortung für unser Handeln übernehmen und zu den daraus resultierenden Konsequenzen stehen müssen. Ich führe mir und meinen Klienten sehr gern vor Augen, dass der Mensch, über den wir uns gerade beklagen, nur durch unser Zutun in unserem Leben ist, dass wir ihn oder sie als Mutter oder Vater unserer Kinder gewählt haben. Oder den Job angenommen und uns auf die gegebenen Bedingungen eingelassen haben. Wir sind nicht ausgeliefert!

An dieser Stelle möchte ich Ihnen drei wertvolle Denkansätze nahelegen:

1. Sie sind für Ihr Leben, Ihr Wohlergehen, Ihre Gefühle, Ihre Lebensumstände verantwortlich, Sie ganz allein! Sie beeinflussen mit Ihren Gedanken, Ihren Programmierungen, Ihrem Selbstbild, Ihren Überzeugungen, wie andere sich Ihnen gegenüber verhalten. Sie sind nie ausgeliefert, sondern Sie liefern sich allenfalls selbst aus. Wenn Sie Ihre eigenen Anschauungen ändern, wird sich auch in Ihrem Umfeld etwas ändern.

2. Ihre Entscheidungen fällen Sie aufgrund ihrer Werteüberzeugungen, Ihrer moralischen und ethischen Einstellungen. Sie stehen am Ruder Ihres Lebens, sind folglich unabhängig und frei! Solange Sie andere Menschen nicht beeinträchtigen und deren Freiheit und Wohlergehen im Auge behalten, sind Sie in der Lage, die Spielregeln Ihres Lebens zu definieren.

3. Sie sind nicht Opfer der Umstände oder irgendwelcher Quälgeister, sondern haben immer die Wahl: Sie können gehen oder bleiben, sich wehren und neue Grenzen setzen.

Jeden Tag ist ein Neubeginn möglich, denn all das liegt in Ihrer Macht, und dieser Macht sollten sie sich bewusst sein. Wenn Sie nicht entscheiden, wird über Sie entschieden!

DER ALLTAG DER MIJIKENDAS

Verständigung ohne Worte

Als Kind wuchs ich in Baden-Baden auf, beherrschte vor allem den badischen Dialekt und konnte nicht einmal richtig Hochdeutsch. Nicht selten trug ich in der Schule im Französisch- und Englischunterricht durch meine Aussprache zur Erheiterung meiner Mitschüler bei. Auch im Erwachsenenalter fiel es mir sehr schwer, mich in einer dieser Sprachen zu verständigen. Ich hatte aber immer Partner oder Kollegen, die für mich in die Bresche sprangen.

Doch ich wollte etwas erreichen, niemals so leben wie meine Familie – und wenn man Karriere machen möchte, ist es unbedingt erforderlich, diese Sprachen zu beherrschen. Ich verbrachte vier Monate in Australien, besuchte dort täglich sechs Stunden eine Sprachenschule und lernte, mich flüssig auszudrücken. Die Angst allerdings, etwas falsch zu sagen, blieb …

Als ich mich bei einer großen internationalen Kosmetikfirma in Paris bewarb, sollte das Vorstellungsgespräch auf Englisch und Französisch stattfinden. Tage vorher hatte ich regelrechte Panikattacken, malte mir aus, was ich alles falsch sagen würde und wie man mich ablehnte. Übrigens glaubte ich, wie viele andere Menschen auch, ich könne nichts, und würde eines Tages damit auffliegen. Eine Freundin bemerkte, dass ich von Panik erfasst wurde, und empfahl mir eine EFT/ Hypnosesitzung, um meine Ängste zu überwinden.

Es war meine erste Begegnung mit Mentaltechniken, und sie war sehr wirkungsvoll. Das Vorstellungsgespräch lief hervorragend, ich bekam die Stelle, und seit diesem Tag spreche ich frei heraus ohne Rücksicht auf Fehler, Hauptsache man versteht mich. Auch viele andere Themen konnte ich später mit Mentaltechniken lösen.

Doch vor circa zwölf Jahren machte ich eine faszinierende Entdeckung: Ich sprach und verstand eine weitere Sprache, nämlich die nonverbale Kommunikation! Schon immer konnte ich spüren, wie es Menschen geht. Ich laufe an ihnen vorbei und spüre ihre Sorgen, ihre Ängste, aber auch ihre Freude und Begeisterung. Ich komme in ein Gebäude und fühle, ob die Menschen sich dort wohlfühlen oder nicht. Um diese Fähigkeit begründen und erklären zu können, besuchte ich unzählige Fortbildungen zum Thema Körpersprache, Mimik lesen, Stimme interpretieren, NLP, Transaktionsanalyse, Struktogramm, Face Reading. Tatsächlich las ich aber alles von den Botschaften, die mir meiner Gegenüber permanent sandte, ab und zog intuitiv meine Schlüsse.

Rückblickend war ich wohl deshalb eine sehr gute Vertriebsmitarbeiterin, weil ich die Bedürfnisse der Kunden stets an erste Stelle setzte. Intuitiv wusste ich immer, ob das neue Produkt punkten konnte oder besser nicht angepriesen wurde, weil mein Kunde ganz andere Sorgen hatte. Rückblickend kann ich behaupten, dass ich schon immer die Probleme und Ängste meiner Mitmenschen erahnt habe. Wildfremde Menschen erzählten mir ihre Lebensgeschichten. Es war nur eine Frage der Zeit, bis ich als Therapeutin auch die richtigen Mittel zur Heilung bereitstellen durfte.

Doch der Weg dorthin war weit. Ich musste lernen, mich anzunehmen, meine Fähigkeiten zu erkennen, an mich zu glauben und liebevoll mit mir selbst umzugehen. Für mich ist heute Selbstempathie der wichtigste Schlüssel zur Zufriedenheit.

Als ich mich vor zehn Jahren entschied, mich selbstständig zu machen, wollte ich genau diese Stärken nutzen, um anderen Menschen Mittel zur Verfügung zu stellen, um sich selbst besser zu verstehen. In vielen Interviews tauchte immer wieder die Frage auf, ob man nonverbale Kommunikation erlernen könne, oder ob sie »angeboren« sei. Darauf antwortete ich immer: sowohl als auch. Doch in einer Hypnosetherapiesitzung fand ich heraus, warum ich bin, wie ich bin …

Als ich vier Jahre alt war, wurde mein geistig behinderter Bruder Matthias geboren. Meine Eltern, selbst erst 21 Jahre alt, ohne Ausbildung und Perspektive, waren mit der Situation überfordert. Oft übertrugen sie mir die Verantwortung für meinen Bruder, der häufig blau anlief und Ohnmachtsanfälle hatte. Wir teilten uns ein Zimmer, und ich war auf seine Atemaussetzer und die Farbveränderungen seines Gesichts trainiert und konditioniert. Ich lernte schon früh, ihn zu beatmen, zu reanimieren und Lösungen zu entwickeln.

Vor ein paar Jahren las ich, dass der größte Schmerz zur größten Stärke werden kann, dass aus Wunden Wunder entstehen können. Dieses Wunder erlebe ich bei mir und meinen Klienten täglich. Ich bin sehr dankbar für diese Fähigkeit, die ich seitdem an Hunderte von Menschen mit der von mir entwickelten Technik Inside Personality weitergeben durfte. Es gibt immer einen Grund, warum wir sind, wie wir sind!

Heute ist mir bewusst, dass wir immer zwischen den Zeilen lesen. Nicht das Gesagte ist relevant, sondern die Kohärenz zwischen Denken, Fühlen und Handeln unseres Gegenübers. Stimmt dieses mit dem Gesagten überein, schreiben wir dieser Person Authentizität und Glaubwürdigkeit zu. Wir lesen permanent die Zeichen, die die Menschen aussenden, die wichtigste Frage dabei ist, ob wir unserer Intuition vertrauen.

In meinen Vorträgen überprüfe ich meine Intuition sehr oft. Ich schaue mir die Menschen an, beobachte ihre Reaktionen auf die von mir vorgetragenen Inhalte und suche mir die drei aus, von denen ich mich am meisten angezogen fühle – Frauen wie Männer. Mit diesen unterhalte ich mich im Anschluss und finde stets viele Gemeinsamkeiten und Ähnlichkeiten mit mir heraus. Nicht selten werden aus diesen Begegnungen gute Bekannte oder sogar Freunde.

So war ich also mental bestens ausgerüstet für meine Reise in den Busch zu den Mijikendas. Ich hatte keine Angst, mich nicht verständigen zu können, denn die Sprache der Wertschätzung, des Interesses, der Freude wird überall gesprochen!

Vom ersten Augenblick spürte ich, dass sie mir Wohlwollen entgegenbrachten und sich über den Umgang mit mir freuten. Ich war ihr Highlight. Eine Vermittlerin zwischen den Welten. Natürlich hatte Peters »Einladung« maßgeblichen Anteil an ihrem Willkommensverhalten. Er genoss großes Ansehen, hatte er doch in den letzten Jahren seiner Amtszeit durch Steuergelder und Spenden aus dem Ausland viele Schulen und Krankenstationen gebaut, Wasserleitungen angelegt und damit die Lebensqualität der Dorfbewohner gesteigert.

Meine ersten Tage bei den Mijikendas waren von Beobachtungen geprägt. Ich beobachtete, was die Menschen machten, mit wem sie sich unterhielten, die entsprechende Mimik, Tonlage der Stimme, die Körpersprache, wie sie sich begrüßten, wer zu wem wie stand, wer wem aus dem Weg ging, wer welche Rolle im Dorf übernahm, ihre täglichen Aufgaben, ihre Rituale, ihren Stellenwert in der Dorfgemeinschaft. Wenn ich etwas nicht einordnen oder verstehen konnte, fragte ich Rama. Ich machte mir zu allem Notizen und fing an, die Familien anhand ihres Verhaltens einzuordnen.

Mir wurde immer klarer, wie sehr Kinder sich nach dem Verhalten ihrer Eltern orientierten, es regelrecht nachahmten. Ich war nicht durch Zufall bei Mama Pendeza gelandet. Sie war mit Abstand die führende Persönlichkeit des Dorfes, alle kuschten vor ihr, auch ihr Mann ordnete sich ihr unter. Ihre sechs dort lebenden Kinder waren genauso wie sie – laut, ruppig und durchsetzungsstark. Mir gegenüber verhielten sich die Dorfbewohner liebevoll, aufmerksam und behutsam. Sie hatten sich mir untergeordnet, wahrscheinlich weil ich weiß bin und aus einer Welt komme, die ihnen größtenteils fremd ist.

Im Grunde war »mein« Dorf ähnlich strukturiert wie eine Familie, eine Firma, ein Team. Viele Menschen haben Angst, selbst Entscheidungen zu treffen und Verantwortung zu übernehmen. Sie ordnen sich deshalb bewusst oder unbewusst Personen unter, die stark und selbstbewusst wirken und Dinge in die Hand nehmen. Daraus ergibt sich eine gewisse Hierarchie. An der Spitze dieser Gruppe steht ein Anführer, der sich mit ein oder zwei ihm nahestehenden Menschen austauscht, die ihn unterstützen und mit den anderen kommunizieren. Die Regeln einer Gruppe folgen immer der gleichen Dynamik:

Wer dazu gehört, bestimmt das Kollektiv, und jedes Individuum ist an die vorherrschenden Gruppenregeln gebunden.

Auch im Dorf konnte ich fünf Rollen erkennen, die einem in Gruppenstrukturen immer wieder begegnen:

1. *Der Leiter (Alpha-Rolle)*: ein Mensch, der gewählt wurde oder sich selbst in diese Position setzt. Zum Führer einer Gruppe wird nur gewählt, wer dazugehört, also »einer von uns« ist. Menschen, die eine Gruppe leiten, verfügen über ein hohes Selbstbewusstsein. Davon gibt es zwei Typen: Typ 1 bezieht demokratisch die anderen Gruppenmitglieder in Entscheidungen mit ein und ist für andere Meinungen und Weiterentwicklung offen. Typ 2 verlangt autoritär von den Gruppenmitgliedern absoluten Gehorsam.
Mama Pendeza gehört zum zweiten Typus. Sie bestimmt, wo es langgeht und wird nicht hinterfragt. In einer Welt, in der es um das tägliche Überleben geht, kann es meines Erachtens keine empathischen, demokratischen Züge geben.

2. *Der Spezialist:* Er ist etwas Besonderes in der Gruppe, denn er verfügt über Fähigkeiten, die andere nicht haben – Wissen, Know-how, Kompetenz. Deshalb steht er dem Leiter sehr nahe. Er ist sogar der Berater des Leiters und der ganzen Gruppe, vielleicht sogar ein »Weiser«. Die Gruppe ist auf ihn und seine Fähigkeiten angewiesen. Er genießt hohes Ansehen und hat einen hohen Stellenwert. Er steht meist am Rande der Gruppe, darf sich mehr erlauben und genießt eine Art der Narrenfreiheit.
Diese Rolle wird von Chibiriti und Rama übernommen. Das Oberhaupt des Dorfes ist ein Heiler, der über die

Grenzen des Dorfes hinaus bekannt ist. Seine Patienten kommen kilometerweit angefahren. Er verfügt über großes Wissen und erwirtschaftet das Haupteinkommen des Dorfes. Rama hat als Einziger einen Highschool-Abschluss, spricht gut Englisch und ist darum das Bindeglied zur großen weiten Welt, zudem noch der älteste Sohn von Mama Pendeza.

3. *Der Rebell:* Seine Individualität hat für ihn höchste Priorität, er spricht sich gegen das System aus und geht ungern Kompromisse ein.

   Diesen gibt es in »meinem« Dorf nur im »Light-Format«. Es ist Ramas Bruder Baraka: Er diskutiert lautstark mit seiner Mutter, gibt aber am Ende klein bei, weil er den Schutz des Dorfes nicht verlieren kann und will. Ich glaube, dass Abhängigkeit Zugehörigkeit schafft.

4. *Der Arbeiter und Mitläufer:* Möglicherweise hat er eine eigene Meinung, schließt sich aber aus Unsicherheit den Meinungen der anderen an. Er hat häufig Minderwertigkeitsgefühle, ist sich der eigenen Fähigkeiten nicht bewusst und scheut die Verantwortung. Aus Angst, etwas falsch zu machen, verhält er sich lieber passiv und angepasst. Er ist der Ausführende in einer Gruppe und setzt freudig die Pläne des Leitenden um.

   Im Dorf gibt es viele, die emsig wie Ameisen immer am Arbeiten sind. Es erinnert mich tatsächlich an die Struktur eines Ameisenstamms!

5. *Der Clown (früher der Hofnarr):* Er übernimmt die auffälligste Rolle in einer Gruppe. Meist fällt er lautstark auf, klopft immer freche Sprüche oder hält spannende Erzählungen parat. Er hat eine förderliche Rolle für die Stim-

mung in der Gruppe, kann das Klima unter den einzelnen Gruppenmitgliedern verbessern, schwierige Situationen entspannen und die Motivation für die einzelnen Tätigkeiten steigern.

Im Dorf der Mijikendas haben Mohamed und der Teenager Johny diese Rolle übernommen. Ihre Sprüche und die passende Theatralik in Mimik und Körpersprache lassen die Menschen vor Lachen schütteln.

Ich konnte beispielsweise auch sehen, wer sich mochte, wer gut mit wem auskam und wer sich eher aus dem Weg ging. Meine neun Sympathie-Signale kamen auch im Busch zur Anwendung.

1. *Lächeln:* Das ist ein universelles Signal. Die Mundwinkel werden nach oben gezogen, gleichzeitig verengen sich die Augen, der Augenringmuskel zieht sich zusammen. Das ist das Zeichen dafür, dass jemand einem sympathisch ist. Aufrichtig gelacht wird im Busch viel.

2. *Blickkontakt:* Die Augen sind bekanntlich der Spiegel der Seele und das Tor zur Seele des Gegenübers. Wie oft und wie lange sich Menschen anschauen, ist ein verlässliches Zeichen für den Grad der Zuneigung. Während man früher der Meinung war, dass häufiger Blickkontakt bedrohlich wirke, kam ein Team der Universität Oxford mittlerweile zu dem Ergebnis, dass es nicht unbedingt so ist. Ausschlaggebend ist, mit welchen mimischen Signalen der Blickkontakt einhergeht. Das mimische Zusammenspiel von Augen und Mund entscheidet darüber, ob wir die Signale als Interesse oder Bedrohung empfinden.

3. *Sanfte Stimme:* Ist Ihnen schon einmal aufgefallen, dass sich unsere Stimme verändert, wenn wir jemanden mögen? Dass wir einen sanfteren und höheren Ton anschlagen? Auch hier stellen die Mijikendas keine Ausnahme dar. Anhand des gesprochenen Wortes konnte ich erkennen, wer zu wem wie steht. Übrigens geht im Umgang mit Babys bei allen die Stimme nach oben.

4. *Vergrößerte Pupillen:* Wenn wir uns gut fühlen, von etwas oder jemandem begeistert sind, vergrößern sich unsere Pupillen. Unsere Gefühle haben Einfluss auf das vegetative Nervensystem, und dieses setzt sowohl positive Gefühle als auch starke Angstgefühle unter anderem mit der Vergrößerung der Pupille um. Dieses Phänomen lässt sich hier nur aus kurzer Distanz genau beobachten, denn je dunkler die Augen sind, umso schwieriger ist die Vergrößerung der Pupille auszumachen. Doch mit ein wenig Übung konnte ich auch dieses Signal bei den Mijikendas erkennen.

5. *Distanzzone:* Das, was wir mögen, lassen wir ganz nah an uns heran; das, was wir ablehnen, versuchen wir auf Abstand zu halten. Spannenderweise wirkt es beim Erstkontakt bedrohlich, wenn man schnell frontal auf jemanden zugeht. Auch im Busch gelten die drei unterschiedlichen Distanzzonen. Die öffentliche Distanzzone beträgt 1,80 Meter. Diese räumen wir Menschen ein, denen wir nicht besonders nahe stehen oder die wir respektieren. Im Umgang mit Peter konnte ich beobachten, dass man beim Händedruck sehr nahe an ihn herantrat und dann respektvoll zurücktrat. Die persönliche Distanzzone zwischen 30 und 80 Zentimetern nehmen wir ein, wenn wir jemanden bereits besser kennen und schätzen. Die Intimzone von

30 bis 0 Zentimetern behalten wir Menschen vor, die wir lieben, die uns im wahrsten Sinne des Wortes sehr nahestehen. Mama Pendeza machte von dieser Intimdistanz auch gern zur Einschüchterung Gebrauch, wenn sie unter Druck etwas erreichen wollte.

6. *Körperhaltung:* Auch die Körperhaltung hat Aussagekraft. Es gibt die sogenannte Ich-, die neutrale und die Du-Position. Diese betrifft vor allem die Stellung des Oberkörpers. Ist dieser nach hinten geneigt, so befindet sich die Person in der Ich Position. Dies bedeutet, sie ist bei sich, hinterfragt das Gesagte, distanziert sich. Je weiter der Oberkörper nach hinten neigt, umso weiter distanziert sich die Person vom Menschen und vom Inhalt der Kommunikation. Ist der Oberkörper gerade, senkrecht, so befindet sich der Betreffende in einer neutralen Position. Neigt sich der Oberkörper nach vorne, so versinnbildlicht das eine Du-Orientierung, eine aktive, interessierte Hinwendung zum anderen. Natürlich ist es auch die Stellung von Armen und Beinen von Bedeutung. Arme oberhalb der Gürtellinie sind das Zeichen für eine positive Haltung. Die Haltung der Beine und die Richtung der Fußspitzen sind ebenfalls aussagekräftig. Auch diese Körperhaltungen konnte ich im Busch wunderbar beobachten.

7. *Körperliche Berührung:* Sie ist das ursprünglichste aller sozialen Signale. Ohne Berührung könnten wir nicht existieren. Dies bewiesen bereits die Experimente des Staufenkaisers Friedrich II., der herausfinden wollte, welche Sprache Kinder sprachen, wenn man sie ihren Eltern entzog und sie von Ammen lediglich gefüttert und gewickelt wurden. Leider starben all diese Kinder, was eindrucksvoll

bewies, wie dringend körperlicher Kontakt benötigt wird. Es geht um unaufdringliches Streicheln, sanftes Berühren des Arms, einen etwas längeren Händedruck. Diese unbewussten Gesten zeigen, wie gern wir jemanden mögen. Die Mijikendas sind sehr sparsam mit Liebesbekundungen, doch auf unaufdringliche Art zeigen auch sie ihre Zuneigung.

8. *Inhalt des Gesagten:* Für die Interpretation der Inhalte muss ich Ramas Übersetzung nutzen. Denn neben all den nonverbalen Gesten unseres Körpers sind Worte ebenso entscheidend, da sie Sympathie und Interesse bezeugen. Was sagt der andere? Stellt er Fragen, die Interesse an der anderen Person bekunden? Möchte er mehr über den Alltag oder die Gefühle des anderen erfahren? Worum drehen sich die Unterhaltungen? Tatsächlich finden auch im kenianischen Busch intensive, tiefe Gespräche statt.

9. *Geschenke und Einladungen:* Kleine Aufmerksamkeiten, Geschenke und Einladungen sind weltweit wichtige Rituale, um Wertschätzung zu zeigen und Bindungen aufzubauen. Mit Einladungen verschenken wir unser wichtigstes Gut: die Zeit. Mitten im Busch gibt es wirklich wenig, und doch bringt jeder Besucher etwas mit. Besuche von Familienmitgliedern oder anderen Dorfbewohnern ziehen sich oft in die Länge, man verbringt sehr gern Zeit zusammen.

Es war spannend, der sozialen Interaktion zu folgen. Doch ich war nicht die Einzige, die beobachtete. Ich war zur Attraktion der gesamten Umgebung geworden. Von überallher kamen Menschen, um mich zu beobachten. Keine Handlung, die gefühlt nicht von Dutzenden von Augen verfolgt, bestaunt und diskutiert wurde. Ich lernte von den Einheimischen, und sie lernten von mir – ganz ohne Worte. Nonverbale Kommunikation begeistert mich immer wieder!

Betätigungsdrang vertreibt Langeweile

Sobald es starke Abweichungen von unserem gewohnten Leben gibt, gerät unsere Psyche aus dem Takt. In neuen Situationen versuchen wir, diese so schnell wie möglich in einen neuen Rhythmus, eine neue Abfolge zu bringen.

So verhielt auch ich mich. Die Tage vergingen wie im Flug, der Alltag war eingekehrt, ich hatte zu einem festen Ablauf gefunden. Bereits nach wenigen Tagen war es für mich »normal«, auf dem Boden zu schlafen, mich auf einem Feld zu erleichtern, Wasser über kilometerweite Entfernungen zu holen. Ich habe immer schon nach dem Motto gelebt: »Akzeptiere, was du nicht ändern kannst, und ändere, was in deiner Macht steht.«

Im Busch hatte ich viel Zeit zum Nachdenken. Ablenkungen wie Radio, Fernsehen, Bücher, Telefon, Internet fielen einfach weg. Ich versuchte, mich auf andere Art abzulenken, zählte die Anzahl der Palmenblätter, der Maispflanzen und rechnet die Ernte hoch. Doch es nutzte nichts, immer wieder kreisten meine Gedanken um mich selbst, um mein Leben. Ich musste ihnen Zeit und Aufmerksamkeit widmen, denn sie quälten mich.

Ich habe schon immer versucht, anders zu sein. Ich verabscheue die Routine, möchte nicht langweiliger Durchschnitt sein, geschweige denn, in eine Schublade gesteckt werden. Machte ich aus diesem Grund meinen Survival-Trip? Musste ich mir oder der Welt etwas beweisen? Im Busch sehnte ich mich zeitweilig nach der von mir verabscheuten Normalität, verrückt, nicht wahr? Ich setzte sie mit dem Einhalten von Normen, Regeln und Gesetzen und vor allem mit Langeweile gleich. Doch genau diese Normalität gab mir Sicherheit, Ruhe und ein Stück weit sogar Geborgenheit. Ist es nicht sogar so, dass die Norm die Abwesenheit von Überraschungen darstellt, uns innerlich zur Ruhe verhilft und auch wichtige Kriterien im sozialen Kontext festlegt? Warum strengen wir uns an, nicht normal zu sein? Um als etwas Besonderes wahrgenommen zu werden, Bewunderung und Anerkennung zu ernten, einen Stellenwert im sozialen System zu ergattern. Die Abweichung von der Norm, ist heute die Norm …

Doch gerade im Busch bei den Mijikendas, Tausende Kilometer von meiner Heimat entfernt, wurde mir klar, dass es überflüssig ist, sich so in Szene zu setzen, eine Rolle zu spielen, von der ich glaubte, sie verhelfe zu Ruhm und Ehre. Sind wir nicht alle auf unsere Art einzigartig und wunderbar? In jedem meiner Mitbewohner erkannte ich das Besondere, jeder hatte Fähigkeiten und Stärken, jeder hatte seinen Platz, durfte sich einbringen, wurde respektiert, und die Leistung des Einzelnen diente dem großen Ganzen. Siebeneinhalb Milliarden Menschen – und jeder Mensch ist anders. Wir müssen uns gar nicht anstrengen, anders zu sein, wir sind es! Es gibt keine sogenannte Normalität, jeder einzelne Mensch ist ein kostbares »Einzelstück«.

Mit dieser Reise hatte ich ursprünglich vorgehabt zu lernen, zu beobachten, meine gewohnte Welt mit der neuen zu vergleichen. Doch ich merkte, dass ich das Bedürfnis hatte, etwas zu tun. Warum durften diese Menschen nicht auch von meinem Wissen, meinen Erkenntnissen, meinen Möglichkeiten profitieren? Warum konnte ich nicht die Menschen, die mich so wohlwollend aufgenommen hatten, mit meinen bescheidenen Mitteln unterstützen? Ich erstellte eine Liste …

Als Erstes bat ich Rama, alle Eltern rund um den Dorfplatz zu versammeln. Ich hatte herausbekommen, dass vierzehn Kinder nicht mehr zur Schule durften. Das leuchtete mir nicht ein, da die Schulbildung in Kenia laut Gesetz acht Jahre lang gratis sein soll. Ich erfuhr, dass schon der Erwerb von Heften, Büchern und Schuluniformen die meisten Eltern überforderte und dass zudem pro Schuljahr und Schüler eine sogenannte Examensgebühr fällig war, die sich umgerechnet auf 50 bis 70 Euro belief. Bei einem monatlichen Durchschnittslohn – übrigens nur fünf Männer hatten einen Job – von 5000 Kenia-Schillingen (umgerechnet 39 Euro) war das eine Menge Geld. Hinzu kam, dass jede Familie eine große Anzahl Kinder hatte.

Mit Ramas Unterstützung fragte ich die Schulgeldschulden ab. Die Eltern wussten es nicht einmal, denn ihnen war es egal oder sogar recht, dass ihre Kinder zu Hause bleiben mussten. So konnten sie diese zur Feldarbeit oder zum Hüten der Geschwister einsetzen. Ich versuchte, meine Wut zu unterdrücken, denn Bildung ist für mich der Schlüssel zu allem. Doch schnell begriff ich, dass jemand, der selbst keine Bildung erhalten hat, kaum einschätzen kann, was diese für die Zukunft seiner Kinder bedeutet.

Meine westeuropäische Messlatte, das, was ich den Menschen beizubringen versuche – hinzuschauen, zu hinterfragen, zu verstehen –, wurde mir im kenianischen Busch fast zum Verhängnis. Zum Glück hatte ich Rama an meiner Seite, der mir geduldig die Dinge und Zusammenhänge erklärte. Auch Baraka, Peters rechte Hand, wurde bereits nach den ersten Tagen zu meiner engsten Bezugsperson. Er hat mich in die Geschichte, Rituale und Denkweise seines Landes eingeführt und mich oft besucht. Unsere täglichen Telefonate haben mir geholfen, mich einzugewöhnen und die Einheimischen zu verstehen. In unseren durchaus hitzigen Diskussionen wurden meine Denk- und Sichtweise auf den Prüfstand gestellt und mächtig durchgerüttelt!

Ich fragte, ob die Eltern einverstanden waren, dass ich die Schulden beglich, damit die Kinder wieder am Unterricht teilnehmen konnten. Ich hielt, von Rama übersetzt, ein Plädoyer für Bildung und die damit verbundenen Chancen auf dem Arbeitsmarkt sowie für den künftigen Stellenwert des Dorfes. Zu meinem Erstaunen willigten alle ein.

Also machte ich mich auf den Weg, suchte Schule für Schule auf, diskutierte mit den Schulleitern über die ausstehenden Gebühren und handelte Deals pro Kind/Geschwister aus. Die Schulen waren in einem schrecklichen Zustand, Verschlägen vergleichbar, die notdürftig vor Sonne und Regen schützten und unzählige Gefahrenquellen wie herausstehende Nägel oder Scherben bargen. Die Kinder spielten mit selbst gefertigten Fußbällen aus Zeitungspapier und Schnüren. Mir traten Tränen in die Augen. Ich musste mich hüten, meiner Wut Ausdruck zu verleihen.

Ich musste versuchen, mich in diese Menschen hineinzuversetzen. Hatten sie nicht irgendwie recht mit ihrer Meinung, dass bei uns Weißen Manna und Honig an den Bäumen herunterfließen? Mir war noch nie bewusst, dass es etwas Besonderes ist, zur Schule zu gehen, zu studieren, täglich etwas Gesundes und Leckeres zu essen, in Häusern zu leben, die uns vor den Unbilden des Wetters schützen, bei Arbeitslosigkeit vom Amt das Nötigste zu erhalten, im Krankheitsfall ganz selbstverständlich von Ärzten behandelt zu werden. Wir neigen dazu, das, was uns gegeben ist, als normal zu bewerten und schon fast als im Grundrecht verankert zu betrachten. Es heißt, dass wir zu den zehn Prozent der Menschheit, also der Minderheit, gehören, die in den Genuss solcher Privilegien kommen.

Nach fünf Tagen und unzähligen Fahrten auf dem Motorrad zum Geldautomaten mit täglichem Ausgabelimit hatte ich mein Ziel erreicht. Alle Kinder durften wieder zur Schule! Allein schon die Fahrten stellten für mich eine wunderbare Abwechslung dar. Täglich erlebte ich neue Rekorde. Je mehr Menschen auf einem Motorrad mitfuhren, umso günstiger wurde es. Der Rekord, den ich selbst erlebte, lag bei sieben Menschen: vier Erwachsene mit drei Kindern auf dem Schoß!

Auch wenn die meisten betroffenen Eltern den Wert meiner Schulaktion nicht erkannten, so spürte ich die Freude und Dankbarkeit der Kinder, die mir jeden Tag voller Begeisterung ihre Hefte zeigten und vom Unterricht erzählten.

Der zweite Punkt auf meiner Liste war der Abfall im Dorf. Papier, Verpackungen, Eierschalen und Dosen lagen wild verstreut im Dorf herum, vor allem rund um die Küchenhäuser. Durch Wind und Wetter bedingt, gab es keine Stelle, wo nicht Unrat herumlag – und wo sich nicht ein unangenehmer Geruch ausbreitete. Da ich viele Tüten und Säcke in meinem Gepäck hatte, fing ich an, den Müll zu sammeln. Binnen Minuten halfen mir alle Kinder und freuten sich an jedem Stück, das sie fanden und in den jeweiligen Sack verschwinden ließen. Wir sortierten die Gegenstände, die noch als »Spielzeug« verwendet werden konnten, und den zu entsorgenden Müll. In zwei Stunden hatten wir das Dorf »gereinigt« und den Kehricht in sieben große Säcke, die »Spielsachen« in einen Karton gepackt.

Wieder bat ich um eine Versammlung und versuchte klarzumachen, zu welchen Ungezieferplagen und gesundheitlichen Problemen eine Vermüllung des Dorfes mittel- und langfristig führen konnte. Ich schlug vor, einen Platz für eine Mülldeponie zu finden, etwas fernab von der Gemeinde, dort ein Loch zu graben, den Müll dort zu deponieren und immer wieder mit Erde zuzuschütten. Mein Vorschlag wurde angenommen, alle halfen eifrig mit. Doch ich weiß bis heute nicht, ob sie den Sinn dieser Maßnahme wirklich begriffen haben. Fakt ist, dass das Dorf bis heute auf Fotos und Videos, die man mir zugeschickt hat, einen sehr ordentlichen Eindruck macht. Vielleicht haben sie erkannt, wie schön es ist, ein sauberes Umfeld zu haben.

Das dritte Projekt, das ich in Angriff nahm, war ein eigenes Toilettenhaus für das Dorf. Wir bestimmten den Standort, kauften alle dazu nötigen Materialien, fällten einen Baum und legten los! Es wurde ein tiefes Loch gegraben, mit Brettern abgedeckt und betoniert. In der Mitte der Bretter wurde ein Loch in der Größe des Gesäßes gesägt, in das der Darm entleert werden konnte. Um diese Konstruktion herum wurde – in einer den Lehm-Wohnhäusern ähnlichen Bauweise – ein kleines Holzgerüst errichtet, dessen Dach und Tür aus Wellblech gefertigt waren. Der Bau dieser sanitären Anlage nahm ganze sechs Wochen in Anspruch.

Ich durfte dann als Erste das Toilettenhäuschen einweihen und nutzen. Wir veranstalteten ein wunderbares Fest zu diesem Anlass. Wir kochten alle zusammen, tanzten und sangen, um diesen neuen Abschnitt des Dorflebens zu würdigen. Man soll schließlich die Feste feiern, wie sie fallen!

Meine vierte Maßnahme bestand darin, einen Spielplatz für die Kinder einzurichten. Ich fertigte Zeichnungen über die Gestaltung an und gab an, welche Materialien ich benötigte. Bei all diesen Aktivitäten fiel mir auf, dass ich Dinge tat, die ich seit dreißig Jahren mied und dabei sogar noch eine unglaubliche Freude empfand.

Der Grund für das Brachliegen solcher Tätigkeiten war in meiner Kindheit zu suchen: Bis zu meinem vierzehnten Lebensjahr zog ich elfmal um. Dies hing mit lautstarken Auseinandersetzungen und häuslicher Gewalt zwischen meinen Eltern zusammen, sodass uns die Hausbesitzer regelmäßig kündigten. Da unsere finanzielle Situation immer angespannt war, nahmen wir sämtliche Sanierungen und Renovierungen selbst vor. Meine Eltern hatten eine besondere Begabung dafür, einen Schrotthaufen in etwas Schönes zu verwandeln. Jede freie Minute sägten, malten, tapezierten und bauten wir an etwas herum. Aber sobald wir fertig waren, mussten wir wieder fliehen.

Als ich meine Familie verließ, schwor ich mir, dass ich nie mehr ein Werkzeug oder einen Kochlöffel für andere in die Hand nehmen würde. Diesen Schwur hatte ich über dreißig Jahre gehalten und mir dabei immer wieder gesagt, dass es Menschen gab, die es besser konnten als ich. Faszinierend, wie das Gehirn verdrängen kann!

Im Busch bei den Mijikendas überkam mich plötzlich der Wunsch zu werkeln, zu unterstützen und die Lebensbedingungen der Kinder zu verändern. Vielleicht um diesen Kindern eine schöne Kindheit zu bescheren, eine Kindheit, die ich nicht hatte? Wir gingen auf Märkte der Umgebung, auf Autofriedhöfe und beschafften uns Seile, Bretter und alte Lkw-Reifen. Wir alle werkelten, hämmerten, strichen, klebten und schenkten den Kindern am Ende alle Arten von Schaukeln, einen Sandkasten, eine Hängematte, eine Wippe, eine Mal- und Musikecke. Wir wurden zum Kinderparadies der gesamten Umgebung, bastelten, malten und spielten zusammen. Es waren sehr glückliche und ergreifende Momente.

Ich bescherte den Dorfbewohnern täglich viele »erste Male«. In meinem Leben spielen erste Male eine große Rolle. Ich versuche, pro Monat drei bis vier »erste Male« in meinen Alltag zu integrieren. Dies geht vom Kosten mir unbekannter Nahrungsmittel und Getränke bis zur Ausübung neuer Aktivitäten und Sportarten. Im Alltag gehe ich immer neue Wege, im wahrsten Sinne des Wortes. Beim Joggen entdecke ich auf diese Weise wunderbare Plätze, anregende Geschäfte, schöne Flecken. Ich trainiere damit mein Gehirn auf Neugier, Offenheit, Veränderung. Fördere die Adrenalinausschüttung, lerne mich immer wieder neu kennen und bestätige mir, dass es wunderbar ist, Neues auszuprobieren, Gewohntes zu überdenken und Sichtweisen zu erweitern. Natürlich macht mir Fremdes auch Angst, doch meist überwiegen die Freude und der Stolz darüber, dass ich den Schritt gewagt habe. Kenia war bislang sicherlich meine größte Grenzerfahrung.

Menschen können sich ein Leben lang verändern, wenn sie sich mit Neuem beschäftigen, sich positiv auf Veränderungen einlassen und neue Wege beschreiten. Dies erlebten »meine« Dorfbewohner nun täglich. Nicht nur meine erwähnten Aktivitäten, sondern auch das Erlernen von neuen Wörtern, Liedern, Spielen, das Ausprobieren von neuen Lebensmitteln und Getränken, der gemeinsame Strandbesuch erweiterten ihren Horizont.

Jedes »erste Mal« mit den Mijikendas war wertvoll, überraschend, lebensverändernd. Es wird in meine und ihre Lebensgeschichten eingehen, und dafür bin ich unglaublich dankbar!

Heimweh

Auch wenn ich sehr beschäftigt und jeder Tag wie ein Abenteuer für mich war, befiel mich in meinen ruhigen Momenten, spätestens bei Sonnenuntergang, schreckliches Heimweh. All meine Gedanken kreisten um mein Zuhause, meine Freunde, meine Gewohnheiten, meinen Liebes- und Geborgenheitsmangel. Ich fühlte mich einsam, von der Welt abgeschnitten, verloren.

Was hatte dieses Heimweh ausgelöst? Ich machte zwei Ursachen dafür verantwortlich: Die Erste war nicht besonders gravierend. Es war der Mangel an der ausführlichen Kommunikation mit meinen besten Freunden in meiner Muttersprache. Natürlich redete ich auch im Busch viel, vor allem mit Rama und Baraka auf Englisch. Der Austausch mit ihnen bedeutete mir viel, gewährte mir Einblick in die Gewohnheiten und Rituale der Mijikendas. Doch es war nicht das Gleiche, wie in meiner Muttersprache zu kommunizieren. Und zudem war es auch nicht die Muttersprache meiner Kommunikationspartner. Ich hatte das Gefühl, als ginge die Hälfte der Dinge, über die man gern reden möchte, verloren. Schmerzlich vermisste ich meine Freunde, ihre aufmunternden, liebevollen Worte, ihre teilnehmende Freude an meinen Erlebnissen.

Die zweite Ursache war wahrscheinlich der Auslöser für meine doch recht heftigen negativen Gefühle. Jeden Tag um 23 beziehungsweise 24 Uhr kenianischer Zeit blickte ich in Richtung Mond und dachte dabei an Oliver. Wie wir vereinbart hatten. Ich hielt mich an diesen »Termin«, stellte mir sogar den Wecker dafür. Doch je weiter die Zeit voranschritt, umso mehr Zweifel kamen in mir auf, und ich schalt mich wegen meiner sentimentalen, romantischen Ader. Ich fühlte mich lächerlich, weil ich mich täglich an unsere Abmachung hielt, obwohl ich befürchtete, dass er mich und unsere Verabredung längst vergessen hatte. Ich unterstellte dem Mann, den ich noch nicht richtig kannte, dass er den Sommer voll auskostete, mit allem, was dazugehörte. In meiner Fantasie ließ ich nichts aus und machte mich damit selbst zum Opfer. Beim Einschalten meines Handys – ich versandte damit nur die Filme, die ich gedreht hatte – hoffte ich auf eine Nachricht von ihm. Da keine Nachrichten von ihm eingegangen waren, wurde ich traurig und wütend – über die von mir selbst aufgestellten Regeln, und dass mein Umfeld, diese aus Respekt mir gegenüber einhielt. Ich habe es schließlich so gewollt! Oft beschwören wir die Hölle auf Erden nur aus unserem eigenen Gedankenkarussell herauf.

Die Geister der Vergangenheit

Tief greifende Veränderungen sind verwirrend, tun weh, können uns in schwere Krisen stürzen. In Afrika wurde mir klar, dass meine festen Strukturen, die vielen täglichen Arbeitsstunden, das Streben nach immer mehr und das Reisen meine Energiekapazitäten überfordert hatten. Ich war so beschäftigt und in meine Ausreden verstrickt, dass mir nicht bewusst geworden war, dass die Geister der Vergangenheit noch aufbegehrten.

Im Busch begann ich schmerzhaft, Dinge zu sehen, die schon immer da waren, sich aber wunderbar getarnt hatten. Überlebensmuster wurden sichtbar, die ich bislang erfolgreich verdrängt hatte. Ich realisierte, dass es mir fast körperliche Schmerzen bereitete, sozusagen ausgeliefert zu sein. Ich hatte mich immer nach dem Leitspruch gerichtet »Das kann ich allein« – und nun konnte ich gar nichts allein tun. Ich war abhängig, hilflos, wurde wieder zum Kleinkind. Ich war nicht fähig, allein im Busch zu überleben, konnte Gefahren weder erkennen noch einschätzen, als hätte ich alle Urinstinke verloren. Zweijährige wussten besser Bescheid über drohende Gefahren als ich. Das Gefühl der Selbstwirksamkeit ging mir allmählich abhanden. Fremde Menschen bestimmten darüber, was ich zu tun und zu lassen hatte.

Körperliche und psychische Gewalt sowie ständiger Ortswechsel haben mir als Kind die Sicherheit genommen. Dies hat dazu geführt, dass ich ein Schutz- und Überlebensmuster für mich entwickelt habe, und dass es für mich heute sehr wichtig ist, das Leben in die eigene Hand zu nehmen.

Ich erinnere mich an meine ersten Versuche mit Hypnose. Der Therapeut versuchte, mich mit sanfter Stimme zu entspannen, mich abzuholen – doch schon der Gedanke, dass ich meine Seele »ausliefern« sollte, ließ mich versteifen statt entspannen. Es dauerte Monate, mit viel Mediationstraining,

Fleiß und dem Willen, wirklich etwas ändern zu wollen, bis ich die Trance zulassen, täglich vertiefen und genießen konnte. Doch wahrscheinlich auch nur, weil ich realisierte, dass mein Selbstschutz immer aktiv war und niemand mich manipulieren konnte. Und nun saß ich im Busch und war völlig abhängig von den Mijikendas …

Ich konnte mit ihrer Liebenswürdigkeit nicht umgehen. Sie lasen mir jeden Wunsch von den Augen ab, achteten auf meine Vorlieben und meine Abneigungen. Kochten meinen Morgentee, sobald sie merkten, dass ich wach wurde, servierten mir das Frühstück sofort nach meinem Jogging, achteten auf meine Wunden, meinen Schlaf, meine Gefühlszustände, wuschen meine Wäsche.

Es war mir peinlich, dass sie meine Unterwäsche per Hand wuschen. Ihre Freude, mich ausgeschlafen und gesund zu sehen, beschämte mich. Ihre Ausrufe der Bewunderung für meine Kleider verunsicherten mich. Ihre liebevollen Blicke ließen mich erröten. Als ich mir einen Tag Auszeit am Meer gönnte und abends ins Dorf zurückkam, schienen sie alle Blumen des Hinterlands für mich gepflückt zu haben. Zutiefst gerührt über diese Geste, erfasste mich ein plötzlicher Betätigungsdrang, und ich verarbeitete die Blumen zu Haarkränzen, Gestecken und Hausdekorationen. Das ist meine Art des Weglaufens. Handeln übertüncht die Gefühle.

Immer wieder dachte ich, dass es doch einen Haken an der Sache geben musste, dass die Mijikendas berechnend agierten, etwas von mir erwarteten. Als ich eines Morgens durch das Weinen und Flehen einer 18-jährigen Mutter geweckt wurde, die um Geld für das Essen ihrer Kinder bat, fühlte ich mich in meinen Gedankengängen bestätigt.

Da saß ich nun mitten im Busch, aus freien Stücken schachmatt gesetzt, und war durch mein eigenes Zutun in eine Krise geraten. Ich sah mich und mein Leben mit anderen Augen, betrachtete mich wie von außen.

Doch ich wollte ja etwas ändern. Der Anlass meiner Reise war die Erkenntnis gewesen, dass das Leben, das von außen als erstrebenswert aussah, sich innen leer und dumpf anfühlte. Ich wollte neue Wege finden, mich neu organisieren, Altes loslassen, mich selbst besser anzunehmen und mich im Neuen zurechtzufinden. Meine Welt, die ich bislang für stabil gehalten hatte, war ins Wanken geraten, ich hinterfragte meine Werte und Ideale. Ich musste herausfinden, was ich wirklich will und was die Resultate meiner Prägungen sind. Ernüchternd und gleichzeitig bereichernd, denn wenn da nichts ist außer der Zeit und des schonungslosen Spiegels, der einen zwingt hineinzuschauen, dann beginnt der Heilungsprozess.

Was bleibt: Im Hier und Jetzt ankommen, sich bewusst werden!

Mit den Defiziten aus den ersten Lebensjahren sollte man sich nicht abfinden, sondern sie sich nachträglich »aufspielen« lassen – ein zwar aufwendiger, aber Erfolg versprechender Weg. Meines Erachtens sind die fünf folgenden Faktoren in der Kindheit wichtig. Sie stellen den Idealfall dar. Fehlt einer davon, werden Überlebensmuster entwickelt.

1. *Liebe:* Ein Kind muss spüren, dass es bedingungslos geliebt und akzeptiert wird. Dies äußert sich in Zuwendung,

Zärtlichkeiten, Nähe, liebevoller, warmer Stimme, wohl-
wollender Sprache, Interesse und in dem Faktor Zeit.

2. *Individualität:* Jeder Mensch ist einzigartig. Vergleiche,
   Gegenüberstellungen, bei unterschiedlichen Individuen
   denselben Maßstab anzulegen, ist ungerecht, denn dadurch wird immer ein Verlierer generiert.

3. *Ordnung, Stabilität, Sicherheit:* Kinder brauchen diese At-
   tribute, auch wenn sie häufig dagegen rebellieren. Es ist
   wichtig, dass die Eltern eine gemeinsame Sprache sprechen, Regeln aufstellen und auf deren Befolgung achten.
   Tägliche Abläufe und Routinen stärken das Kind und vermitteln ihm Klarheit und innere Ruhe.

4. *Eigene Erfahrungen machen, eine eigene Meinung bilden:*
   Eigene Erfahrungen sind überlebenswichtig. Sie helfen
   dem Kind, später seine Fähigkeiten besser einzuschätzen
   und Lösungen zu entwickeln. Ähnlich verhält es sich mit
   der Meinungsbildung. Ein Kind darf seine eigene Meinung
   kundtun, wenngleich im konstruktiven Gespräch gemein-
   schaftliche Lösungen gefunden werden können.

5. *Neugier bewahren und tägliches Lernen forcieren:* Der
   Mensch ist ein neugieriges und wissbegieriges Wesen. Ein
   Kind sollte spielerisch an die spannenden Themen des Lebens herangeführt werden. Das Gehirn ist ein Leben lang
   eine Großbaustelle, wenn wir für ständig neue Impulse
   sorgen. Ein Mensch, der sich mit all seinen Fähigkeiten in
   die Gemeinschaft, in seinen Job einbringt, strahlt Zufriedenheit aus.

Es gibt viele Ursachen dafür, dass wir nicht zu jeder Zeit
»Chef« im eigenen Leben sind. Um mit belastenden Situa-

tionen besser fertigzuwerden, entwickeln wir unbewusst »Schutz- und Überlebensmuster«. Dazu kommen noch Entwicklungsdefizite oder ungünstige Prägungen, die durch »Verletzungen« in der Kindheit hervorgerufen wurden. Diese »Schutz- und Überlebensmuster«, die zwar helfen, in der Kindheit besser »durchzukommen«, sind jedoch im Erwachsenenalter gefährlich. Aufschiebeverhalten, Perfektionismus und Konfliktvermeidung – diese Muster begleiten bewusst oder unbewusst fast jeden Menschen. Meist wird das eigene Verhalten erst dann kritisch hinterfragt, wenn Erschöpfungszustände auftreten und der Betroffene sich leer und ausgebrannt fühlt.

Die »Überlebensmuster«, die wir uns im Laufe des Lebens angeeignet haben, können wir auch wieder loslassen. Sobald wir neue Informationen erhalten, baut unser Gehirn sie in unser Denkkonstrukt ein. Befreien Sie sich von negativen Verhaltensmustern – mit den richtigen Übungen oder mit unterschiedlichen therapeutischen Ansätzen.

Zu den Selbstschutz- und Überlebensstrategien gehören:
• Verdrängung
  Menschen, die dieses Muster anwenden, haben in der Kindheit häufig Willkür, Gewalt, Unzuverlässigkeit und wenig Zuwendung erlebt. Sie haben keine Strategien erlernt, um mit ihrer Angst vor der Wirklichkeit, vor Problemen und unangenehmen Gefühlen umzugehen. Solche Menschen haben oft nur bruchstückhafte Erinnerungen an ihre Kindheit. Aus Selbstschutz drücken sie alles weg, was sie nicht wahrhaben möchten. Auf den ersten Blick beruhigt die Verdrängung. Doch auf Dauer kommt es zu

einer Anhäufung von Problemen, die das gesamte Leben auf den Kopf stellen, Beziehungen zerstören, den Job kosten und Lebensläufe ruinieren können.

So machen Sie sich frei:
Schritt für Schritt – und durch viel Üben! Wählen Sie ein Thema aus, mit dem Sie sich nicht gern auseinandersetzen, und überlegen Sie, was die kleinste Einheit ist, die Sie zu leisten imstande sind. Beispiel »Ungeöffnete Briefe«: Sie werden meist nicht geöffnet, weil sie unangenehm und mit Arbeit verbunden sind. Schritt 1: Sie können sie schon mal sichtbar auf ihren Schreibtisch legen. Schritt 2: Legen Sie den Brieföffner dazu. Schritt 3: Sie können die Briefe schon mal öffnen. Vielleicht schaffen Sie noch Schritt 4: Lesen Sie einen Brief durch. Manchmal schaffen Sie es vielleicht nur bis zu Schritt 3, dann probieren Sie es am nächsten Tag gleich noch mal. Wiederholen Sie die Übung so lange, bis sie das Problem gemeistert haben.

- Helfersyndrom
  Menschen, die sich nach diesem Muster verhalten, wurden in ihrer Kindheit nicht bedingungslos geliebt, sondern übersehen oder nur wahrgenommen, wenn sie etwas leisteten oder etwas Gutes für andere taten. Sie fühlen sich nur dann wertvoll und nützlich, wenn sie anderen helfen können. Dahinter verbirgt sich die Angst, ohne diese »Leistung« nicht wahrgenommen zu werden. Sie kümmern sich um Hilfsbedürftige, psychisch Kranke und problembehaftete Menschen, gehen regelrecht in ihrer Aufgabe auf – und zugleich fühlen sie sich Menschen, die mit

beiden Beinen im Leben stehen, unterlegen. Ein richtiger Teufelskreis, da der Helfende sich aufopfert, kämpft, alles gibt – und am Ende doch immer wieder mit seinen Ängsten, versagt zu haben und wertlos zu sein, konfrontiert wird.

So machen Sie sich frei:
Lernen Sie, Nein zu sagen! Das kann man üben. Am Anfang fällt es Ihnen vielleicht noch schwer, aber mit der Zeit wird es leichter, und Sie schaffen sich nach und nach mehr Raum und Zeit für Ihre eigenen Bedürfnisse. Machen Sie sich immer wieder bewusst, dass Sie Ihrem Gegenüber mit Ihrem Nein ebenfalls einen Gefallen tun. Solange Sie mit anpacken, verbleibt er in einem Abhängigkeitsverhältnis und entfaltet keine Eigeninitiative, was Ihnen beiden zugutekommt.

- Narzissmus
  Narzissten haben in ihrer Kindheit erfahren, dass sie wertlos, klägliche Versager und ungeliebt waren. Darum sehnen sie sich ein Leben lang nach Anerkennung und Aufmerksamkeit. Da sie Angst davor haben, dass die in der Kindheit erfahrenen Wertungen zutreffen könnten, bauschen sie sowohl ihre Erfolge als auch ihre Fähigkeiten auf und fühlen sich überlegen und wichtig. Sie leben im Gefühl unbegrenzter Errungenschaften und maßloser Selbstliebe. Sie nähren sich von dem konstanten Verlangen nach Bewunderung und sind unfähig, Empathie zu empfinden. Narzissten haben zudem ein schwaches Selbstbewusstsein und vertragen kaum Kritik. Wenn sie angegriffen oder

nicht mehr bewundert werden, bröckelt ihre scheinbar starke Fassade, und sie reagieren mit Wut und Groll.

So machen Sie sich frei:
Sie haben so viel erreicht in Ihrem Leben, es wird Zeit, dass Sie diese Erfolge verinnerlichen. Zücken Sie einen Block und notieren Sie alles, was Sie aus eigenem Antrieb geschafft haben. Sie sind es wert, gesehen und geliebt zu werden. Und das werden Sie schaffen, wenn Sie sich authentisch und echt wahrnehmen. Führen Sie sich vor Augen, dass es immer mehrere Meinungen zu Themen geben kann, und dass Feedback, sofern es konstruktiv vermittelt wird, hilfreich und fruchtbar sein kann. Treten Sie auf öffentlichen Veranstaltungen mal entgegen Ihrer Neigung ruhig und besonnen auf, schauen Sie, was passiert. Sie werden anders wahrgenommen und begegnen vielleicht Menschen, die von Ihnen als Persönlichkeit angezogen wurden, nicht von dem, was Sie sein möchten. Lernen Sie, Sie selbst zu sein und Ihre authentische Seite zu zeigen. Ihr gesamtes elektromagnetisches Feld wird sich ändern, und sie werden neue Erkenntnisse gewinnen.

- Macht- und Dominanzstreben
  Menschen mit diesem Muster sind in der Kindheit meist zu kurz gekommen, von übermächtigen Eltern beherrscht, extrem gefordert, kontrolliert und gedemütigt worden. Daraus hat sich ihre Angst entwickelt, in eine schwache, unterlegene Position zu geraten, angegriffen, kontrolliert und vernichtet zu werden. Dieser Angst begegnen die Betroffenen mit Machtstreben, Dominanz und Überlegenheit. Sie

möchten mit dieser Strategie die Oberhand behalten, legen ein stark forderndes Verhalten an den Tag, halten mit Informationen und Wissen zurück, denn Wissen ist Macht. Doch trotz ihres Gebarens fühlen sich solche Menschen in ihrem Inneren klein, ängstlich und verunsichert.

Kein Mensch ist in der Lage, alle Anforderungen allein zu erledigen. Lassen Sie sich helfen, gestehen Sie anderen zu, dass diese auch wunderbare Fähigkeiten und Fertigkeiten haben. Fangen Sie an, Ihre Routine, Ihren Alltag zu unterbrechen. Es muss natürlich nicht gleich die Reise in den Busch von Afrika werden. Aber falls Interesse besteht, kann ich Ihnen bei meinen Dorfbewohnern gern ein Plätzchen besorgen. Spaß beiseite …

So machen Sie sich frei:
Niemand ist in der Lage, allein allen Anforderungen zu genügen. Lassen Sie sich helfen, gestehen Sie anderen zu, dass auch sie wunderbare Fähigkeiten haben. Fangen Sie an, Ihre Routine zu unterbrechen. Es muss natürlich nicht gleich die Reise in den afrikanischen Busch sein … Gehen Sie jeden Tag einen anderen Weg zu Ihrer Arbeit. Machen Sie eine Sache pro Tag anders. Ändern Sie ihre Abläufe. Lassen Sie Dinge auch mal liegen, selbst wenn Ihnen dabei unwohl ist. Morgen ist auch noch ein Tag. Räumen Sie sich zwei Tage pro Monat im Kalender frei, und machen Sie einfach nur das, worauf Sie im Moment Lust haben. Sie werden sehen, dass sich sehr schnell ein völlig neues Lebensgefühl einstellt. Und diese »bösen« Überraschungen ihren Schrecken verlieren. Der Mensch wächst mit neuen Herausforderungen.

- Kind bleiben!

Menschen, die sich diesem Muster verschreiben, haben in der Kindheit gelernt, dass sie allein nicht lebensfähig sind, dass sie den Erwartungen anderer Menschen nicht genügen. Daraus hat sich eine regelrechte Lebensangst entwickelt. Sie trauen sich nicht, ihren eigenen Weg zu gehen, fühlen sich abhängig und klein, zusätzlich plagen sie Schuldgefühle, bei der Vorstellung, sich von den Eltern, dem Partner, Freunden oder dem Arbeitgeber zu trennen. Sie können kaum Verantwortung für Entscheidungen übernehmen und wälzen sie auf die Eltern, den Partner oder die Freunde ab. Aus Angst zu enttäuschen und zu versagen, halten sie sich strikt an die Vorgaben anderer. In der Partnerschaft geben sie sich gern die Schuld an Konflikten. Für die Mitmenschen sind die »Kind Gebliebenen« sehr angenehm, passen sie sich doch in allen Lebenslagen an und bemühen sich, alles richtig zu machen.

So machen Sie sich frei:

Sie können mehr, als Sie glauben! Sie haben eine eigene Meinung, eigene Gefühle, Wünsche und Bedürfnisse. Erstellen Sie eine Liste mit all dem, was Ihnen Spaß und Freude bereitet und was Sie in Ihrem Leben nicht mehr wollen. Nach einer Betätigung in der Firma oder mit Freunden machen Sie sich bewusst, was Sie genossen haben und was nicht. Fangen Sie nun an, die positiv besetzten Aktivitäten auf der Liste alleine oder mit Freunden auszuführen. Führen Sie sich Situationen vor Augen, in denen Sie eigenständig agiert haben und Ihre Eigeninitiative Sie zu einem guten Ergebnis geführt hat. So stärken Sie nach und nach ihren

Selbstwert und beginnen, sich und ihre Bedürfnisse wahrzunehmen. Lassen Sie sich aber nicht entmutigen, wenn Ihr Umfeld irritiert reagiert. Es geht ja schließlich um Sie!

• Perfektionismus, Schönheitswahn, Verlangen nach Anerkennung

»Du bist nicht gut genug!«, »Du bist hässlich, dumm und ungeschickt!«, »Du bist ein Versager und Taugenichts!« – diese Sätze haben die Betroffenen permanent in ihrer Kindheit gehört und verinnerlicht. Sie haben ihr Selbstwertgefühl geschwächt, ihre Selbstwahrnehmung gestört. Im Erwachsenenleben versuchen diese Menschen, keine Angriffsfläche zu bieten, und agieren aus der Defensive. Sie verausgaben sich, wollen immer höher hinaus, immer besser werden, sind nie zufrieden und führen ihre Erfolge auf Glücksfaktoren zurück.

Eine Variante des Perfektionsstrebens ist der Schönheitswahn, das Verlangen nach Anerkennung. Der Körper wird gestählt, am äußeren Erscheinungsbild gearbeitet, jedes einzelne Haar zurechtgelegt, die Kleidung sorgfältig ausgewählt. Die innere Unsicherheit wird durch die äußere Perfektion übertüncht. Doch der Erfolg, den man erzielt, ist von kurzer Dauer.

Durch beide »Überlebensstrategien« möchte der Betroffene Aufmerksamkeit von außen erwecken – und dies muss er für sein Seelenheil tun, um gut dazustehen!

So machen Sie sich frei:
Bringen Sie Ihren inneren Kritiker zum Schweigen, denn niemand ist perfekt! Beantworten Sie sich bitte folgende

Fragen: Was will ich beweisen? Wem muss ich etwas beweisen? Ihr innerer Kritiker hat Sie lange genug malträ-
tiert. Weisen Sie ihn in seine Schranken! Dazu schließen
Sie die Augen und stellen sich vor, Sie führen mit ihm
einen Dialog. Danken Sie ihm für sein Feedback all die
Jahre hindurch, aber machen Sie ihm nachdrücklich klar,
dass seine Hilfe nicht mehr benötigt wird. Alternativ können Sie Ihrem inneren Kritiker auch einen Brief schreiben.

• Harmoniestreben, Konformismus
Beim Streben nach Harmonie ist der Wunsch, ähnlich wie
bei der Perfektion, die Erwartungen anderer Menschen zu
erfüllen. Dahinter verbirgt sich die tiefe Angst, bei »Fehl-
verhalten« oder anderer Meinung abgelehnt zu werden.
Menschen, die nach diesem Muster handeln, haben in der
Kindheit nur dann Anerkennung und Aufmerksamkeit erfahren, wenn sie funktionierten und angepasst agierten.
Damit haben sie gelernt, die eigenen Wünsche und Bedürfnisse zu unterdrücken. Sie sind aggressionsgehemmt und
reagieren auf Kränkungen eher mit Trauer als mit Wut.
Aufgrund ihres angepassten Verhaltens und ihres Harmo-
niestrebens haben sie nie gelernt, ihre Wünsche und Bedürfnisse klar zu äußern und zu verwirklichen. Darum
fällt es ihnen schwer, Ziele zu formulieren, Entscheidungen zu fällen und eigene Wege zu gehen. Aus Angst, mit
ihren Ansichten anzuecken, sagen sie nur selten, was sie
denken, fühlen und wollen. Dadurch geraten sie leicht in
die Opferrolle und tun Dinge, die sie nicht wollen. Je häufiger dies passiert, umso mehr verübeln sie dem anderen
seine angebliche Dominanz und ziehen sich zurück, ohne

die Situation zu klären. Die Mitmenschen erleben jedoch den Betreffenden als angenehm, da er sich stets so verhält, wie man sich das wünscht.

So machen Sie sich frei:
Sagen Sie öfter »ICH«! Für Konfliktvermeider geht es darum, sich aus der Opferrolle zu befreien. Damit das gelingt, muss man darlegen, was man selbst möchte. Nehmen Sie sich ein Blatt Papier und teilen Sie es in drei Spalten. Notieren Sie in der ersten Spalte eine Situation, in der Sie Ihre Bedürfnisse oder Ihre Meinung nicht geäußert haben. In der zweiten Spalte beschreiben Sie, wie diese Situation aussehen würde, wenn Sie Ihre Wünsche und Ihren Standpunkt zum Ausdruck gebracht hätten. In der dritten Spalte begründen Sie, warum diese Sache nach Ihren Vorstellungen hätte verlaufen sollen.

- Lügen und Rollenspiele
  Grundsätzlich sind wir bemüht, Werte, Normen und Erwartungen der Gesellschaft zu erfüllen. Zugleich legen wir Wert darauf, uns zu schützen und unsere momentane Gefühlswelt allen zu offenbaren. Doch um diese Verhaltensweise geht es hier nicht, sondern darum, dass Menschen ein Rollenmuster entwickelt haben, in dem sie eine Rolle übernehmen und sich hinter einer Maske verstecken. Sie passen sich grundsätzlich an andere an und lügen, um sich besser darzustellen, sich wichtiger zu machen oder die eigenen Gefühle zu verbergen. In der Kindheit haben diese Menschen gelernt zu funktionieren und sich anzupassen. Sie haben erfahren, dass sie trotz ihres Leistungsstrebens

nicht gut genug waren, und wurden dadurch verunsichert. Daraus ist die Angst entstanden, abgelehnt und angegriffen zu werden. Dieser Angst weichen sie ständig aus, indem sie sich ganz nach den Bedürfnissen anderer richten, sich so verhalten, wie ihre Umwelt sie sehen möchte. Sie tragen also immer eine Tarnkappe oder eine Kostümierung. Tag für Tag belügen sie sich selbst und letztlich auch alle anderen.

So machen Sie sich frei:
Gehen Sie ein Risiko ein! Es lohnt sich. Rollen und Masken sind eine Überlebensstrategie, die Sie sich in Ihrer Kindheit zugelegt haben. Doch heute sind Sie erwachsen, und Ihnen stehen andere Mittel zur Verfügung. Prüfen Sie bitte einmal kritisch: »Ist dieses Verhalten heute noch sinnvoll?« Beantworten Sie sich diese Frage am besten schriftlich. Auf dem Papier könnte auch stehen: »Was könnte im schlimmsten Fall passieren, wenn ich abgelehnt werde?« Hilfreich ist auch folgende Frage: »Wie würde ich mich fühlen beziehungsweise wie würde mein Leben aussehen, wenn ich so geliebt und angenommen würde, wie ich bin?« Ein Restrisiko, dass Sie abgelehnt werden, bleibt natürlich – aber damit leben alle anderen Menschen auch.

• Kontrolle behalten
»Ich muss alles im Griff haben!«, »Ich kann niemandem vertrauen!«, »Alles, was ich selbst mache, ist gut« – Menschen, die solche Überzeugungen vertreten, haben in jungen Jahren oft das Gefühl von Ausgeliefertsein, Ohnmacht und Orientierungslosigkeit erlebt. Diese Erfahrungen

möchten sie in ihrem Erwachsenendasein vermeiden, indem sie ein großes Maß an Kontrolle über sich und ihr Umfeld ausüben, um vermeintlich sicher und geborgen durchs Leben zu gehen. Sie brauchen ein Übermaß an Ordnung, Routine, Zuverlässigkeit, Regeln. Sie möchten über alles informiert sein, gehen mit Misstrauen durchs Leben und warten regelrecht darauf, enttäuscht zu werden. Hinter diesem Misstrauen verbirgt sich oft ein schwaches Selbstwertgefühl.

Viele Kontrollstreber üben auch eine beinahe hypochondrisch anmutende Kontrolle über ihre Gesundheit aus: Sie verbringen Stunden mit der Recherche nach Krankheiten und ihren Anzeichen, die sie bei sich selbst vermuten. Sie leiden auch unter Grübelzwang und denken in Endlosschleifen, um die Probleme des Alltags zu lösen.

Solche Menschen werden als schwierig und anstrengend empfunden, da sie einem mit ihrem Sicherheits- und Kontrollbedürfnis auf die Nerven gehen und einem die eigene Leichtigkeit nehmen.

So machen Sie sich frei:
Lassen Sie los! Machen Sie sich eine Liste von Situationen, in denen Sie das Muster Kontrolle anwenden. Setzen Sie sich bewusst diesen Situationen aus – und dann unterlassen Sie die Kontrolle, auch wenn es Ihnen schwerfällt. Schließen Sie mit sich selbst einen Vertrag, in dem Sie sich versprechen, das dabei aufkommende unangenehme Gefühl auszuhalten. Überkommt Sie dieses Gefühl, dann nehmen Sie ein Blatt Papier und schreiben Sie auf, was Sie gerade bewegt. Wenn Sie es schaffen, Ihr kontrollierendes

Verhalten einzustellen und kontrollierende Gedanken in eine andere Richtung zu lenken, werden Sie feststellen, dass die negativen Folgen, vor denen Sie sich fürchten, ausbleiben und dass Sie zu mehr Gelassenheit finden.

- Überanpassung, Konfliktvermeidung
  Menschen, die sich nach diesem Muster verhalten, haben in jungen Jahren nur dann Beachtung und Anerkennung erfahren, wenn sie funktionierten, angepasst agierten und den Wünschen der anderen entsprachen. Damit haben sie gelernt, die eigenen Wünsche und Bedürfnisse zu unterdrücken. Es fällt ihnen schwer, Entscheidungen zu fällen und eigene Wege zu gehen. Sobald etwas Überforderndes auf sie zukommt, ziehen sie sich in ihr Schneckenhaus zurück. Allein zu sein wird als sichere Option gewertet. Gleichzeitig leiden die Betroffenen unter der Einsamkeit – ein Teufelskreis! Dieses »Muster« macht auf Dauer kaputt, führt zu Depression, Esssucht und anderen Kompensationsmustern.

So machen Sie sich frei:
Nehmen Sie den Druck raus! Während andere noch vergnügt spielen durften, mussten sie schon Aufgaben im Haushalt übernehmen oder schlichteten Streit in der Familie? Machen Sie sich bewusst, wie viel Sie schon geleistet haben! Statt weiterhin an sich zu zweifeln, fragen Sie lieber: Wie bleibe ich entspannt dabei? Berücksichtigen Sie diese Frage, wenn Sie das nächste Mal eine To-do-Liste erstellen. Setzen Sie sich erreichbare Ziele, planen Sie doppelt so viel Zeit dafür ein, wie Sie glauben, dafür zu benö-

tigen! Priorisieren Sie ihre Ziele und beginnen Sie mit dem Wichtigsten – am besten sofort. Sie müssen weder alles perfekt erledigen noch allein. Sollten Sie dennoch unter Druck geraten, bitten Sie um Hilfe.

Verhält sich ein Mensch aufgrund seiner Erfahrungen in der Kindheit oder seiner Veranlagung nach den geschilderten zehn Mustern, können auch selbstschädigende Kompensationsmuster entwickelt werden. Ständige Unterdrückung der eigenen Bedürfnisse und Wünsche führt zu negativen Gefühlen. Da der Mensch sich aber eher nach positiven Gefühlen wie Entspannung, Lust, Glück oder Belohnung sehnt, fängt er an, diese durch Suchtmittel – Alkohol, Drogen, Zigaretten – oder durch bestimmte Aktivitäten – Sex, Sport, Stressessen – zu erzeugen, die kurzzeitig Dopamin, das sogenannte Glückshormon, freisetzen. Doch dieser Effekt ist nur von kurzer Dauer, der Lustgewinn wird von Konsum zu Konsum kleiner, und schnell finden wir uns im Kreislauf der Sucht wieder. Unser erwachsenes Ich weiß, dass dieses Verhalten schädlich ist, doch das unbefriedigte innere Kind möchte sich sofort gut fühlen, hat es doch im Alltag so wenig Entfaltungsmöglichkeiten, da die eigenen Wünsche und Bedürfnisse nicht gelebt werden. Bald wird man aber von Schuldgefühlen geplagt, man ist von sich selbst enttäuscht, weil man mal wieder versagt hat.

Beherzigen Sie die aufgeführten Tipps und suchen Sie bei Bedarf fachliche Unterstützung. Scheuen Sie diesen Schritt nicht. Es geht um Ihr Leben, Ihre Zukunft!

SIE SIND SO ARM UND DOCH SO REICH

Das Miteinander

Der Theorie des Soziologen Herbert Spencer zufolge ist der Mensch von Natur aus egoistisch, ringt sich Mitgefühl mühsam ab und setzt dieses nur ein, wenn es ihm einen Vorteil bringt.

Diese Theorie fand ich im Busch nicht bestätigt. Die Menschen pflegten zwar einen ruppigeren Umgang miteinander, als den, den wir gewohnt sind, verhielten sich aber nie egoistisch oder lieblos. Gelegentlich reagierten Erwachsene ihre Wut an ihren Mitmenschen mit Schubsen und Stößen ab oder bestraften Kinder mit einer Ohrfeige oder einem Klaps auf den Po. Das schien das gewohnte Verhalten zu sein, das ich auch bei Besuchen in anderen Dörfern beobachten konnte. Die Fähigkeit zur Empathie, also zur Bereitschaft, Empfindungen, Gedanken, Emotionen und Persönlichkeitsmerkmale anderer Menschen zu erkennen und zu verstehen, ist in einem Land, in dem die Menschen noch um die Deckung ihrer Grundbedürfnisse kämpfen müssen, schwierig.

Liebevolle Gesten, Streicheln, Zärtlichkeiten zwischen Paaren konnte ich im Busch kaum beobachten. Das Einzige, das ich ab und an feststellte, waren längere Blickkontakte und eine höhere, samtige Stimmlage. Rama und Baraka erzählten mir, dass es sehr wohl zärtliche Gesten wie Kuscheln, Austausch von Zärtlichkeiten und Streicheln zwischen Geliebten gebe, allerdings nur, wenn niemand sie beobachtete, oder hinter »verschlossenen« Türen. Bei dieser Aussage musste ich heimlich grinsen, denn während meines gesamten Aufenthalts im Dorf gab es keine einzige Sekunde, in der ich unbeobachtet war. Auch bei meinen Ausflügen nach Kilifi, der nächsten Großstadt, konnte ich den Austausch von Liebkosungen in der Öffentlichkeit nur bei ganz jungen Menschen sehen.

Wann sich das Liebesleben abspielte, erschloss sich mir nicht. Ich »ertappte« niemanden dabei, nahm auch keine verdächtigen Geräusche wahr. Sexualität erfordert bei den Mijikendas wohl eine exakte Planung, da immer Kinder vor Ort und andere Mitbewohner in der Hütte sind.

Den Umgang mit den Kleinkindern habe ich als überaus liebevoll erlebt. Ein Baby wird permanent am Körper getragen, sodass es seine Bezugsperson sehen und die Körperwärme spüren kann. Babys waren stets im Mittelpunkt des Geschehens, sobald sie einen Laut von sich gaben, kümmerte man sich um sie. Obwohl es im Dorf sieben Babys gab, war kaum Weinen oder Quengeln zu hören. Die liebevolle Zuwendung, die der Säugling durch die Mutter und die anderen überwiegend weiblichen Mitbewohner erhält, wirkt sich auf die Entwicklung des Kindes aus. Das berühmte afrikanische Sprichwort »Es braucht ein ganzes Dorf, um ein Kind großzuziehen« habe ich in »meinem« Dorf im Busch erlebt.

Die Kleinkinder krabbelten aus den Hütten einfach los, über Stock und Stein, vorbei an offenen Feuerstellen und anderen Gefahrenstellen, um sich eine Kontaktperson zu suchen. Das konnte die Schwester sein, die draußen spielte, oder die Tante in der Hütte gegenüber. Einmal stockte mir der Atem, als ich Titus, Ramas Sohn, krabbelnd mit einer offenen Rasierklinge in der Hand sah. Mit diesen werden hier die Köpfe rasiert. Panisch versuchte ich, sie ihm wegzunehmen. Die Dorfbewohner beobachteten mich amüsiert, blieben ruhig und meinten, es passiere nichts. Dort geht alles ruhiger, unaufgeregter vonstatten. Bei uns hingegen tragen Kinder bereits auf dem Dreirad Schutzhelm, Arm-, Knie- und Schienbeinschützer, sehen aus wie Michelin-Männchen auf dem Weg in eine andere Galaxie. Das, was bei uns zu viel ist, ist im Busch definitiv zu wenig. Eine Mischform aus beiden Systemen wäre doch wunderbar!

Besonders fasziniert hat mich, dass es ein stabiles Betreuungssystem gab, das immer zur Verfügung stand und keiner großen Absprachen bedurfte. Als Mama Pendeza spontan binnen dreißig Sekunden beschloss, mich zu einer Wahlveranstaltung zu begleiten, gab es keine Überlegungen, wer auf ihre kleinen Kinder, Saumu und Sophia, achtgeben könnte. Die anderen Bezugspersonen – Großmutter, Schwester, Bruder, Tante oder Vater – sprangen sofort ein, wenn die Mutter zur Feldpflege oder zum Einkaufen musste, sie erschöpft, müde oder krank war. Es war nicht gleich das ganze Dorf, das sich kümmerte, doch es war wie selbstverständlich immer jemand da, der diese Aufgabe zielführend übernahm. Auf meine Frage, ob die Mütter sich Vorwürfe machten, wenn sie ihre Kinder allein ließen, erntete ich nur Unverständnis und Kopfschütteln. Es war für sie schlichtweg normal.

Schnell gewöhnte ich mich an die ruppige Umgangsweise, sie erschien mir sogar ehrlicher als die unsrige. Wir Westeuropäer agieren eher als Enttäuschungs- und Verletzungssammler, versuchen immer, das Gesicht zu wahren und irgendwann platzt alles aus uns heraus. Bei den Mijikendas erfolgte die Reaktion unmittelbar, Wut oder Aggression wurden sofort aus dem Körper »ausgeleitet«.

Streicheln und Umarmungen machten die Mijikendas verlegen. Sie versteiften sich regelrecht und zogen das gestreichelte Körperteil zurück, zumindest am Anfang. Mit der Zeit änderte sich auch dies; sie ließen es zu, dass ich ihre Hände hielt, sie sanft über die Wange oder den Kopf streichelte, und sie fingen an, dies auch bei mir zu machen. Erstaunlich, was man in kürzester Zeit bei Menschen verändern kann!

Als meine Geister der Vergangenheit zurückkehrten, suchten mich regelmäßig Albträume heim. Vor Angst und Schmerz muss ich wohl geschrien haben. Sanft weckten mich dann die Mitbewohner meiner Hütte, standen besorgt an meinem Bett und vertrieben mir liebevoll meine Furcht einflößenden Erinnerungen. Viele Nächte hintereinander. Immer wieder wurde ich sanft wachgerüttelt, redeten sie liebevoll auf mich ein, auch wenn ich nichts verstand. Eines Morgens wurde ich nach dem Aufstehen zum Boss, dem Heiler bestellt. Rama übersetzte, dass ich etwas unternehmen müsse. Ich sei von Dämonen besetzt, die nun mit einem Ritual vertrieben werden sollten. Natürlich erfordere es eine längere Vorbereitung und sei überdies nicht billig.

Aus Neugier und aus Respekt vor der Autoritätsperson willigte ich ein. Die Vorbereitungen nahmen ganze drei Stunden in Anspruch. Ungeschminkt und nur mit einem Tuch bekleidet wurde ich an einen sogenannten heiligen Ort geführt, den niemand ohne Erlaubnis betreten durfte. Wir krochen regelrecht unter Büschen und Sträuchern, bis sich vor uns eine wunderschöne, in Hunderten von Grüntönen leuchtende. Lichtung auftat, auf der ein kleiner Altar aufgebaut war. In der Mitte des Platzes waren drei gruselig aussehende Lehmfiguren aufgestellt. Rama, ein Helfer und mein Lieblingskind Simon erwarteten mich dort. Simon hatte in der einen Hand ein schwarzes und in der anderen ein weißes Huhn, die erbärmlich zuckten und schrien. Ich stellte von vornherein klar, dass ich auf keinen Fall ein Tier für mein »Problem« zu opfern bereit sei. Man beruhigte mich, die Hühner würden nur das Austreiben der Dämonen unterstützen.

Vor den Lehmfiguren war eine Zeichnung im Sand, über die ich barfuß springen und nach und nach die Dämonen wegkicken musste. Dabei sollte ich in meiner Sprache laut und aggressiv rufen: »Verschwindet!« Etwas peinlich berührt und beinahe vor Lachen platzend, sprang ich zigmal hin und her und kickte die Lehmfiguren weg. Dabei schrie ich mir die Seele aus dem Leib und gluckste zwischendurch erheitert. Dann musste ich kurz innehalten, das schwarze Huhn wurde kopfüber in einem Sud getränkt und mir um den Kopf gewedelt. Ich bekam gefühlt zwanzigmal das Huhn um den Kopf und den Oberkörper gewedelt, war klitschnass, und Mr Chibiriti sagte mit lauter und aggressiver Stimme ein paar magische Sprüche auf. Mit dem abgesetzten Pflanzensud wurden mir zur Tarnung Streifen ins Gesicht gemalt. Dann musste ich die Lehmfiguren bis zur Unkenntlichkeit zertreten und dabei laut und aggressiv sein, damit sie nie mehr wiederkamen. Alle schauten mir interessiert und ernst dabei zu.

Als ich alles dem Erdboden gleichgemacht hatte, begann der entspannende Teil. Ich durfte mich hinsetzen und einen ekelerregenden Wurzelsud, aus elf Wurzeln gebraut, trinken. Er sollte meinen Körper von der Säure der Dämonen heilen und diese töten. Mir wurde schlecht, ich musste mich übergeben. Doch das schien niemanden zu verwundern. Anschließend sollte die Segnung mit dem weißen Huhn folgen. Auch dieses wurde in einen der unzähligen Sudtöpfe getaucht und mir um den ganzen Körper gefächelt. Gefühlt hundertmal. Danach durften die beiden Hühner ihrer Wege gehen. Ich wurde noch mit einem Lehmsud beschmiert, der, getrocknet, vierundzwanzig Stunden auf Körper und Gesicht verbleiben musste. Ich fühlte mich wie eine Ninja-Kämpferin im Untergrund.

Doch das Wunder geschah! Von einem Tag auf den anderen hörten meine Albträume auf, bis heute! Als ich Baraka das Ritual bei einem seiner nächsten Besuche schilderte, bestätigte er meine Meinung, dass ich an einem Voodoo-Ritual teilgenommen hatte. In den folgenden Wochen durfte ich an vielen skurrilen Heilszenarien von Mama Pendeza und Mr Chibiriti teilnehmen. Sie waren auch nicht, wie ich mir anfangs vorgestellt hatte, in unserer westlichen Welt umsetzbar.

Etwa zur Halbzeit meines Aufenthalts bei den Mijikendas wachte ich morgens um fünf Uhr durch lautes Geschirrklappern auf. Meines Wissens stand weder ein Fest noch Besuch von Bekannten oder Verwandten an. Neugierig krabbelte ich aus meinem Moskitozelt. Draußen tummelten sich fast alle Frauen, breiteten unzählige Plastikbecher und Plastikteller aus. In den Kochhütten wurde fleißig Teig ausgerollt und gewälzt. Was hatte ich verpasst? Rama erzählte mir ein wenig später, dass an diesem Tag achtzig bis hundert Frauen zu Besuch kämen. Sie gehörten zu einer Frauenvereinigung, die sich alle zwei Wochen in einem anderen Dorf traf, um sich über Familie, Jobs, Politik, Kinder und Probleme jeder Art auszutauschen. Ein Netzwerktreffen mitten in Afrika, wie fortschrittlich! Rama fügte hinzu, dass derjenige, der das »Frühstück« ausrichtete, pro Teilnehmerin 250 KES erhielt, also etwa 2 Euro. 2 Euro mal hundert Teilnehmer ergab stattliche 200 Euro, was dort einem kleinen Vermögen gleichkam. Der monatliche Durchschnittsverdienst im Busch waren nämlich 50 Euro. Oma Paris war die Veranstalterin und musste in Vorkasse treten, um alle zu verpflegen. Es gab Tee und Mandazi, süße, in Fett ausgebackene Teigtaschen.

Die Damen trafen nach und nach in Begleitung ihrer jüngsten Kinder ein, sodass es im Dorf von Menschen nur so wimmelte. Auf meine Frage, ob ich filmen und fotografieren dürfe, erhielt ich eine abschlägige Antwort, stattdessen wurde ich gebeten, eine Rede zu halten. Ich zauberte also eine Rede aus dem Hut in dem Tenor, dass wir Frauen uns gegenseitig weltweit unterstützen und an uns selbst glauben sollten. Ich sprach etwa eine Viertelstunde lang voller Enthusiasmus und Freude und machte immer wieder eine Pause, damit Rama für alle nicht Englischsprechenden übersetzen konnte. Am Schluss ertönte jubelnder Applaus! Ich war gespannt, welche Diskussion meine Worte auslösen würden. Die Leiterin der Gruppe bedankte sich für meinen Vortrag und äußerte ganz ungeniert, dass ich sie nun unterstützen dürfe. Sie würden ein großes Zelt benötigen, um bei ihren Besuchen unabhängig vom Wetter zu sein.

Ich spürte, wie mein Puls beschleunigte, meine Stimme höher wurde. Wieder fühlte ich mich missverstanden und einem

Goldesel gleichgesetzt. Mit welcher Berechtigung fragte mich diese Frau um Geld für ein Zelt? Ich riss mich zusammen und fragte die Anwesenden, was sie über die Weißen wüssten, ob sie ein Gefühl dafür hätten, wie wir leben und wo unser Geld herkäme. Ich schilderte ihnen unsere Leistungsgesellschaft, unter welchem Druck jeder Einzelne steht, dass wir unser Geld hart verdienen müssen und ich meist vierzehn Stunden am Tag arbeite. Rama begann zu schwitzen, er tat sich schwer, meine emotionalen, aufgebrachten Worte zu übersetzen. Er wollte weder mich noch die Frauengruppe verärgern. Er war nicht gewohnt, Probleme oder Dinge, die nicht richtig laufen, zu direkt anzuschneiden. Mir wurde allmählich klar, dass das bisweilen aggressive Verhalten der Mijikendas wahrscheinlich darauf zurückzuführen war, dass sie nie gelernt hatten, das zu sagen, was sie dachten und fühlten. Ich erläuterte weiter, dass wir durch Steuern Krankenkassenbeiträge und das privilegierte Leben mitfinanzieren, dass jeder seinen Beitrag leistet. Dass wir nicht wie der Goldesel täglich Taler ausspucken, dass auch ich nicht die Wünsche jedes Mijikendas, der mir begegnete, erfüllen könnte, selbst wenn ich es wollte.

Die Frauen wandten mir ihre volle Aufmerksamkeit zu und verfolgten mit großem Erstaunen meine impulsiven Worte. Dann bedankte ich mich fürs Zuhören und kehrte zu meiner Hütte zurück. Dort erwartete mich Mama Pendeza ebenfalls sehr verwundert, denn sie hatte mich noch nie so erlebt. Rama schilderte ihr die Vorkommnisse. Ein paar Minuten später wurde ich erneut zur Netzwerkgruppe gebeten. Die Chefin der Gemeinschaft erklärte mir, sie habe noch nie darüber nachgedacht, worüber ich sie gerade informiert hatte. Sie würden sich gern entschuldigen und mich fragen, ob ich ihre Runde nicht alle zwei Wochen mit einer Art Coaching bereichern möchte. Allein an diesem Tag habe sie ein völlig neues Bild von den Weißen vermittelt bekommen.

Gern nahm ich diese willkommene Abwechslung und Herausforderung an. Ich durfte diese Frauen noch dreimal sehen, coachen und ihnen meine Lebensphilosophie mit auf den Weg geben. Daraus entstanden spannende Businessideen, interessante Gespräche über den Wert von Bildung und Prioritätensetzung und vor allem Selbstwirksamkeit. Mit einigen stehe ich bis heute per E-Mail in Kontakt. Das ist übrigens etwas, was ich nur sehr schwer nachvollziehen kann: Lehmhütten, kein Wasser, keine sanitären Anlagen, kein Strom – aber internetfähige Telefone …

Wenn die Mijikendas Besuch bekamen, so lief alles eher unspektakulär ab. Der Besuch wurde ganz selbstverständlich in den Alltag eingegliedert. Jeder übernahm dann bestimmte Pflichten wie das Putzen von Gemüse, das Fegen des Dorfplatzes oder die Feldpflege. Alle rutschten auf den Schlafmatten etwas näher zusammen, und der Besuch durfte so lange bleiben, wie er wollte. Alles war unaufgeregt und selbstverständlich.

Bei den Mijikendas gibt es eine Grundregel: »Einer für alle – alle für einen.« Jeder hilft jedem, bringt seine Fähigkeiten ein, betreibt Dienstleistungstausch, und im Ernstfall wird gespendet, was man einbringen kann. Schicksalsschläge schweißen sie zusammen, die Familie ist das wichtigste Gut. Ob dies nun aus der Abhängigkeit heraus geschieht oder aus Liebe, sei dahingestellt. Würde man nun das System der westlichen Welt mit dem Kenias miteinander verquicken, würde man das beste erreichbare Resultat erzielen: Geborgenheit,

Akzeptanz, Wertschätzung, ausgestattet mit einer Portion Selbstwirksamkeit.

Feiern, wie die Feste fallen

Das Oberhaupt des Dorfes, in dem ich wohnte, ein gläubiger Muslim, der sich an die Vorschriften seiner Religion hielt und der Fastenpflicht im Ramadan nachkam, hatte fünf Ehefrauen. Ob er auch einen Sex-Wochenplan einhielt (er wechselte von Woche zu Woche zur jeweilig geplanten Frau), erschloss sich mir leider nicht.

Am Ende der Fastenzeit gab es auch bei den Mijikendas das sogenannte Zuckerfest. Freunde, Bekannte und andere Dorfbewohner kamen zu einem leckeren Schmaus vorbei. Die Vorbereitungen zogen sich tagelang hin. Es wurde säckeweise eingekauft, und aus den Ingredienzien wurden unzählige Leckereien vorbereitet. Und zur Feier des Tages gab es sogar Fleisch. Hühner und eine Ziege wurden auf dem Dorfplatz vor unseren Augen geschlachtet. Den ganzen Tag kamen und gingen unzählige Menschen, es wurde gegessen, diskutiert und gespielt. Allerdings getrennt: Die Männer und die Frauen blieben unter sich, nur die Kinder beider Geschlechter mischten sich und genossen den neuen Spielplatz.

Die Gespräche drehten sich laut Rama um Klatsch und Tratsch sowie um den Austausch von gemeinsamen Erinnerungen. Ich wurde den ganzen Tag ausgefragt – über mein Leben, über Europa, über die Möglichkeiten, bei uns zu leben und zu arbeiten. Die meisten hatten eine sehr naive Vorstellung: Man kommt nach Europa, wird mit offenen Armen empfangen, finanziell unterstützt und binnen wenigen Monaten reich.

Gegen 21 Uhr zog ich mich in meinen »Privattrakt« in der Hütte zurück, schrieb mein Tagebuch, und plötzlich bekam ich schreckliche Bauchkrämpfe. Kurz darauf stellten sich Durchfall, Erbrechen und Schüttelfrost ein. In einem solchen Fall hätte ich mich sonst ins Badezimmer verkrochen, wäre in die Badewanne gestiegen oder hätte mich nackt auf eine flauschige Bademate gelegt. Doch im Busch war ich mit dem »Gesamtprogramm Toilette« völlig überfordert … An alles musste gedacht werden: Papier, Taschenlampe, Hacke, um das Loch zu graben, geeignete Schuhe, um ins Maisfeld gehen zu können, toilettentaugliche Kleidung und so weiter. Zu allem Übel regnete es in Strömen, sodass die Lösung, sich nackt auf das Maisfeld zu legen und abzuwarten, bis die Krämpfe nachließen, nicht infrage kam. Ich beschloss also, mich auf die zusammengezimmerte Bank unter dem Vordach zu legen und bei Bedarf aufs Maisfeld zu rennen. Ich verfluchte meinen Trip, das Zuckerfest, das »gedüngte« Maisfeld und alles, was damit zusammenhing …

Zu Beginn meines Aufenthalts im Dorf hatte man mir einen Raum voller Musikinstrumente gezeigt – Trommeln, Rasseln, Flöten und weitere spannende Tonwerkzeuge. Bislang waren sie noch nie zum Einsatz gekommen. Eines frühen Abends, kurz vor Sonnenuntergang, fragte ich Rama, wann diese Instrumente eingesetzt würden. Kurzerhand begaben wir uns zu besagtem Musikraum und nahmen alle nur verfügbaren Instrumente heraus. Innerhalb von wenigen Minuten war das gesamte Dorf versammelt. Wir zündeten ein Lagerfeuer an, und 5er- oder 6er-Gruppen, die wohl aufeinander eingespielt waren, begannen zu musizieren. Alle sangen und tanzten. Die

Musik steigerte sich, der Rhythmus wurde schneller, der Gesang eindringlicher. Wir tanzten, als ob es kein Morgen gäbe. Jeder fand seinen Takt, sein Tempo, seine Figuren. Wir drehten uns, kreisten umeinander, torkelten, hüpften und stampften. Wir vergaßen Raum und Zeit. Ich war entzückt, denn ich glaube, ich habe dort das erste Mal den sogenannten Trancetanz erlebt. Ich tauchte tief ein in mein Innerstes, tanzte nur für mich selbst. Gleichzeitig fühlte ich mich mit meinen Mitbewohnern zutiefst verbunden und war unendlich dankbar, dort sein zu dürfen. Es war, als würden die hypnotisierenden Klänge, die spirituellen Beats, die Schwerkraft aufheben. Ich erlebte Freude, Leichtigkeit, Ekstase, Licht und Liebe. Müde und unendlich glücklich löste sich die Gemeinschaft nach zweieinhalb Stunden gemeinsamen Tanzens auf. Dieser Abend hatte uns noch mehr zusammengeschweißt!

Die Parlaments- und Präsidentschaftswahlen standen an, am 8. August 2017 sollte gewählt werden. Bislang war in meiner Region Peter Shehe der zuständige Member of Parliament. Es gibt einen MP pro Wahlkreis, er ist für nationale Anliegen zuständig und sitzt dafür in unterschiedlichen Gremien. Er unternimmt in dieser Funktion viele Reisen, um Vergleiche mit anderen Ländern anzustellen. Gleichzeitig ist er der Vertreter des Wahlkreises und dort für die Verwendung der nationalen Entwicklungsgelder zuständig.

Bei dieser Wahl gab es acht Mitbewerber, die sich zum Stimmenfang vor allem im Hinterland tummelten. Mama Pendeza war auch hier das Bindeglied. Sie trommelte aus allen anliegenden Dörfern die Menschen zusammen, um den langen Wahlreden, in denen die Kandidaten das Blaue vom Himmel versprachen, zu lauschen. Diese Veranstaltungen glichen einem bunten Volksfest. Hunderte Menschen machten sich auf den Weg, sangen und tanzten, die Kandidaten kamen mit lauter Musik und viel Getöse an. Der jeweilige Kandidat hatte gefühlt zehn Vorredner, die seine Arbeit, seinen Charakter lobten und seine Visionen darlegten. Erst dann trat der Kandidat selbst mit seiner Abschlussrede auf, die mindestens eine Stunde dauerte. Jeden Tag wurde dieses Procedere ein paar Kilometer weiter drei- bis viermal wiederholt. Die Zuhörer – überwiegend Frauen mit ihren Kindern – hörten sich die Reden genussvoll an. Ich war bereits nach der ersten Wahlveranstaltung trotz Übersetzung ermüdet. Es wurde viel versprochen … und versteckt flossen auch Bestechungsgelder, die von den Dorfbewohnern gern angenommen wurden.

Dem Tag der Wahl wurde zwiespältig entgegengesehen. Natürlich hofften alle, dass Peter Shehe, der sehr viel für seine Region gemacht hatte, gewann. 2007 war es zu bürgerkriegsähnlichen Zuständen gekommen mit mehr als 1200 Toten. 2013 ging die Wahl glimpflich vonstatten. Im Vorfeld der Wahl 2017 wurde der IT-Chef der Wahlkommission gefoltert und verstümmelt aufgefunden.

Der Wahltag stand unmittelbar bevor, aus den Großstädten wurden bereits Tote und Verletzte gemeldet. Ich begab mich zusammen mit einigen Dorfbewohnern zur Schule, an der die Stimmen der gesamten Region abgegeben wurden. Hunderte Menschen standen geduldig an. Es ging nur im Schneckentempo voran, doch alle waren zuversichtlich, freundlich und gut gelaunt. Ich kam mit vielen ins Gespräch, alle wollten für Peter stimmen. Am Ende des Wahltags saßen wir alle zusammen auf dem Hof und lauschten den Nachrichten via Transistorradio. Eine leichte Spannung lag in der Luft.

Es schien Komplikationen zu geben, die Wahlergebnisse verschoben sich. Tage später stellte sich heraus, dass Peter verloren hatte. Tausende von Wahlzetteln waren wie von Zauberhand verschwunden. Es gab sogar Videoaufnahmen des Diebstahls, doch sie wurden nicht zugelassen. Die Präsidentschaftswahl wurde wiederholt, die Wahl der MPs leider nicht. Traurigkeit und Unsicherheit machten sich breit. Wie würde sich das Land nun entwickeln? Es würde noch Monate dauern bis zur Amtseinsetzung eines neuen Präsidenten. Inzwischen ging das Leben seinen gewohnten Gang weiter. Man arrangierte sich sehr schnell mit den Gegebenheiten.

Das Gegenteil der Wegwerfgesellschaft

Ich werde nie meinen wunderbaren Fahrer Tom vergessen. Er fuhr mich zu unterschiedlichen Zielen mit dem »Tuk-Tuk« oder seinem Wagen. Ich konnte mich hundertprozentig auf ihn verlassen. Er hatte ein gepflegtes Äußeres, allerdings waren seine T-Shirts oder Hemden immer durchlöchert. Das machte mich nachdenklich.

Auch die Kinder in »meinem« Dorf hatten nur wenige Anziehvarianten plus Schuluniform. Kreative Wickeltechniken und der Einsatz von Seilen halfen dabei, dass ihnen die abgewetzten Kleider, T-Shirts und Hosen nicht vom Leib rutschten. Doch schien es sie nicht zu belasten. Um Eitelkeit und Individualität ging es da nie, eher um Beweglichkeit.

Paul, ein Hotelier, den ich am Ende meines Aufenthalts in Kenia kennenlernte und der eines der schönsten Hotels und Yogacenter der Welt, das Treehouse in Watamu, besitzt, fuhr einen über dreißig Jahre alten Jeep, den er heiß und innig liebte und pflegte. Ständig befürchtete ich, eine Tür oder einen Hebel in der Hand zu halten, die Fenster nicht mehr schließen zu können. Jeden Tag funktionierte etwas anderes nicht. Doch Paul reparierte, flüsterte seinem Auto liebevoll etwas zu, und es lief wieder, irgendwie.

Auf einer unserer Touren durch die Mangrovenwälder zeigte er mir sein allererstes Surfboard. Es lag angebunden an einem Strand und gehörte einem Fischer. Das Bord sah aus, wie wenn sich der Weiße Hai daran verbissen hätte, man konnte den inneren Lagenaufbau wunderbar erkennen. Er hatte es dem Fischer vor 28 Jahren geschenkt, und dieser fuhr immer noch täglich mit diesem klapprigen, dennoch einsatzbereiten Teil ins Meer hinaus.

Beim Besuch der Watamu Turtle Watch half ich, den Strand zu säubern. Säckeweise sammelten wir Flip-Flops, Plastikflaschen und Plastikmüll ein. Im Magen einer riesengroßen Wasserschildkröte, die an den Strand gespült wurde, fand man 200 Gramm Plastikabfälle, die beinahe ihr Todesurteil bedeutet hätten. Natürlich hatte ich schon häufig von der Verschmutzung der Meere gelesen, doch die unmittelbare Konfrontation mit diesem Phänomen der Wegwerfgesellschaft machte mich sehr betroffen. Aus den mitgebrachten Flip-Flops und Plastikflaschen wurden wunderbare 3D-Bilder und Figuren hergestellt, die dann im Yogacenter des Hotels ausgestellt wurden.

All diese Beispiele für Nachhaltigkeit stimmten mich nachdenklich. Ich erinnere mich, dass meine Großmutter Löcher in meinen Strümpfen gestopft und meine verschlissenen Hosen mit lustigen Bügelapplikationen auf den Knien verziert hat. Doch wann habe ich das letzte Mal etwas genäht? Sobald etwas kaputt ist, entsorge ich es sofort, in den letzten Jahren habe ich ganze Säcke voll Kleider, die ich im Shoppingwahn gekauft und noch nicht einmal getragen hatte, in die Altkleidersammlung gegeben.

Schmerzlich führte ich mir vor Augen, wie viele Lebensmittel ich in den letzten Jahren achtlos in den Müll geworfen hatte, weil ich mich beim Einkauf verschätzt oder einfach keine Lust mehr darauf hatte. Im Busch wurde mir schmerzhaft bewusst, wie verschwenderisch ich mit den Gütern unserer Überflussgesellschaft umging.

Kreativität entsteht aus dem Nichts

Meine ersten Kochversuche auf den Kochstellen am Boden gelangen mit etwas Improvisationstalent wunderbar. Es sollte Spaghetti mit Tomatensoße und Kräutern geben. Ein einfaches Gericht, doch um die nötigen Zutaten zusammenzutragen, mussten wir mehrere Geschäfte und Märkte aufsuchen. Vor Kochbeginn stellte ich fest, dass weder Nudelsieb noch Kochlöffel vorhanden waren. Kurzerhand beschloss ich, sie mir aus Materialien herzustellen, die mir die Natur bot. Das Sieb flocht ich mit Unterstützung meiner Mitbewohner aus Palmblättern; der große Kochlöffel wurde durch einen Ast, den wir säuberten und glatt schmirgelten, ersetzt. Es klappte wunderbar! Die Mijikendas verschlangen gierig ihre ersten »Spaghetti alla napoletana«, sogar die Erwachsenen leckten ihre Teller sauber. Überall auf ihren Mündern und Gesichtern waren Spuren der Tomatensoße. Ich glaube, ich sah mich mehr an ihrer Freude als am Essen der Spaghetti satt.

Die Konservendosen und Nudelverpackungen warf ich in eine Tüte, die ich später zu unserer Deponie bringen wollte. Doch ich konnte gar nicht so schnell schauen, wie diese aus der Tüte genommen, gereinigt und in unterschiedliche Dinge umfunktioniert wurden. Die Verpackungen wurden zum Portionieren und Haltbarmachen von Nahrungsmitteln verwendet. Für die Konservendosen gab es zig verschiedene Verwendungen. Plötzlich standen in der Küchenhütte vier neue Dosen zur Aufbewahrung von Besteck. Vier weitere Dosen wurden in den Duschen verteilt, damit man sich mit dem Wasser besprühen oder Haare waschen konnte, ohne gleich den ganzen Wasserbottich zu nutzen. Sehr clever!

Andere Dosen wurden den Kindern zugeteilt, die sie als Sandspielzeug verwendeten. Ich animierte sie auch dazu, das berühmte Dosentelefon zu basteln. Seile hatten wir noch vom Spielplatzbau übrig. Wir schlugen mit dem Hammer Löcher in den Boden der Konservendosen und verbanden zwei Dosen miteinander. Alle hatten einen Riesenspaß und »telefonierten« damit um die Wette. Zwei weitere Dosen wurden zu Stelzen umgebaut. Es war köstlich, wie sowohl die Kinder als auch die Erwachsenen sich auf den Stelzen bewegten!

Am Abend fand ich weitere Dosen mit Sand und Kerzen gefüllt, zu Kerzenhaltern umfunktioniert. Ich staunte über das Improvisationstalent der Mijikendas. Auch meine gebrauchten PET-Wasserflaschen wurden mit ein paar Materialen aus der Natur – Blättern, Ästen – und etwas Kleber in lustige Katzen oder Schweine umgewandelt. Die Freude war groß, wenn es uns gelungen war, mal wieder etwas zum Spielen geschaffen zu haben. Ich war fasziniert von der Vorstellungskraft meiner Dorfgemeinschaft. Ohne jegliche Anleitung oder Animation hatten sie aus einem Gegenstand sechs unterschiedliche Einsatzgebiete definiert.

Nach einer gewissen Zeit realisierte ich, es erging auch mir so. Zig Ideen tauchten beim Betrachten eines Gegenstands auf. Setzte Langeweile die Fantasie frei?

Tagein tagaus erlebte ich immer die gleichen Abläufe. Nach gut zwei Wochen fing ich an, mich zu langweilen. Die tägliche Routine schien meinem Gehirn keinerlei Herausforderungen zu bieten. Die Langeweile führte dazu, dass ich kreativ wurde und vor allem mit den Kindern meiner Fantasie freien Lauf ließ. Ich überlegte mir, wie ich den Alltag der Mijikendas vereinfachen könnte. Ich bastelte, zeichnete und wurde aktiv. Ich kreierte das Bilderbuch *Pillu*, den abenteuerlustigen Kapuzenpulli, der seine Trägerin auf alle Reisen begleitet und ihr Geborgenheit schenkt, das personalisierte *Mesmerize-it*-Hörbuch, und verwirklichte viele weitere Ideen, die ich heute in meine Arbeit integriere.

Forscher der University of Central Lancashire bestätigten in zwei einflussreichen Studien, dass Langeweile und Unterforderung die Fantasie beflügeln und Kreativität freisetzen. Umso fader die Aufgabe, umso stärker das Aufbäumen des Gehirns!

Was bleibt: Was ist wirklich wichtig im Leben?

Aufgrund der neuen Erfahrungen und Erkenntnisse ordnete ich im Busch mein Leben neu. Ich fühlte mich, als sei ich von einer Welle erfasst und durchgewirbelt worden. Als hätte ich eine neue Brille aufgesetzt, mit der ich die Dinge erkannte, die wirklich wichtig sind.

Was ist wirklich wichtig im Leben? Ich habe eine Top-8-Liste erstellt und nenne diese das Rad des Lebens. Alles greift ineinander, jedes Rad ist von den anderen Rädern abhängig, dreht sich ein Rad nicht, oder zu wenig, so hat dies Auswirkungen auf alle anderen Lebensbereiche. Daraus ist ein Zwei-Tage-Seminar entstanden, *Lebensnavigation* genannt, das in Zürich und auf Mallorca stattfindet. Dort arbeiten wir das Rad des Lebens und die Werte für jeden Einzelnen neu aus.

Können Sie ad hoc sagen, was Ihre 3- , 5- oder 8-Topwerte sind? Was ist Ihnen wichtig?

- **Das 1. Rad des Lebens: Gesundheit**
Mit hohem Fieber, einer schmerzhaften Entzündung am Fuß, einem kalten, müffelnden Lappen auf der Stirn, in der Lehmhütte auf dem Boden liegend, fühlte ich mich müde und energielos und hätte mich umarmen und trösten lassen wollen.

Deshalb steht für mich die Gesundheit an allererster Stelle. Mit der Gesundheit wird meist recht undankbar umgegangen. Solange man sich ihrer erfreut, wird sie als selbstverständlich angenommen, wenn sie aber beeinträchtigt ist, trauert man ihr nach. Wir müssen achtsamer und dankbarer werden. Es gibt so vieles, was uns mit Dank erfüllen müsste, beispielsweise jeden Morgen voller Energie und Gesundheit aufwachen zu dürfen.

Wofür steht Gesundheit eigentlich? Und wie kann ich zu meiner eigenen Gesundheit beitragen? Für mich persönlich bedeutet Gesundheit, möglichst lange leistungsfähig und fit zu bleiben. Mit meinem Körper liebevoll umzugehen, meine Grenzen zu spüren, und mein »Haus« – so nenne ich meinen

Körper – liebevoll zu pflegen. Erstaunlicherweise widmen wir einem Haus oder einem Auto oft mehr Aufmerksamkeit als unserem Körper, wir sanieren oder warten beide regelmäßig. Bei unserem Körper hingegen ignorieren oder unterdrücken wir die Signale, indem wir sofort die passende Medizin zur Hand haben, ohne zu hinterfragen, was unser Körper mit diesem Signal eigentlich aufzeigen möchte.

Mit einem gesunden und bewussten Lebensstil kann man selbst einiges dazu beitragen, gesund und fit zu altern. Die wichtigsten Faktoren sind dabei Ernährung, Bewegung, Entspannung, ausreichender Schlaf, Verzicht auf Genussgifte und eine positive Lebenseinstellung.

1. Gesunde Ernährung

Wir machen uns viele Gedanken, um die Viskosität des Motoröls, um die Qualität des Benzins. Doch schauen wir beim Brennstoff für unseren Körper auch so genau hin? Achten wir auf Herkunft, Verarbeitungsweise und Inhaltsstoffe? Kaum etwas ist wichtiger für den Erhalt der Gesundheit als eine gesunde und bewusste Ernährung. Mittlerweile ist es sehr verwirrend, was man noch essen darf und was nicht. Tagtäglich gibt es neue ernährungsphysiologische Neuigkeiten. Die Verunsicherung wächst.

Ich praktiziere seit Jahren, ohne es zu wissen, das sogenannte Clean Eating. Dies ist derzeit ein trendiger, in sozialen Netzwerken weitverbreiteter Begriff, wenn es um Ernährung geht. Der Begriff scheint neu zu sein, doch handelt es sich sozusagen um alten Wein in neuen Schläuchen. Es geht hierbei um die Reinheit der Lebensmittel. Die Nahrung sollte keine künstlichen Zusätze beinhalten, keinen Zucker und Auszugsmehle. Als rein gelten alle naturbelassenen und unverarbeiteten Lebensmittel wie Gemüse, Fisch, Vollkornprodukte und Obst. Natürlich esse ich, wenn es mich danach gelüstet, ab und zu auch Eis, Schokolade oder Chips, aber alles in Maßen. Nehmen Sie Ihren Brennstoff scharf unter die Lupe! Ein Ferrari kann seine PS nur mit dem richtigen Brennstoff nutzen.

2. Ausreichend trinken

Der Körper eines Erwachsenen besteht zu 67 Prozent aus Wasser, das Gehirn sogar zu 85 Prozent. Wasser ist nicht nur ein wichtiger Teil der Körperzellen, sondern auch Hauptbestandteil des Blutes. Haben wir Flüssigkeitsmangel, so kann das Blut nicht mehr richtig fließen, Gehirnleistung und Konzentration lassen nach, Kopfschmerzen und mangelnde Merkfähigkeit können die Folge sein. Die Deutsche Gesellschaft für Ernährung legt nahe, pro Tag zwei Liter Flüssigkeit in Form von Wasser und Tee zu uns zu nehmen.

3. Regelmäßige Bewegung

Zurück in der Zivilisation las ich abends erschreckt den Schrittzähler meines Handys aus. Im Busch waren 25 000 bis 30 000 Schritte täglich üblich. Ohne Sport erreiche ich in meinem Alltag mit Hängen und Würgen nur 4000 bis 5000 Schritte! Regelmäßiger Ausdauersport ist gut für Körper, Geist und Seele. Unser Körper ist auf Bewegung ausgerichtet. Unsere Vorfahren waren ähnlich wie die Mijikendas im Busch auf die Fortbewegung zu Fuß angewiesen. Sofern ein Kind nicht vor dem Tablet oder PC sitzt, läuft und hüpft es 11 000 bis 12 000 Schritte pro Tag. Laufen ist die beste Methode, den Körper in Form und den Organismus auf Touren zu bringen, die körpereigenen Abwehrkräfte zu stärken, Stress zu reduzieren sowie Herz-Kreislauf-Erkrankungen, Diabetes, Übergewicht und Osteoporose vorzubeugen. Jede Art körperlicher Bewegung trägt zu Ihrem Wohlbefinden bei. Sie werden übrigens sofort belohnt, da unser Belohnungssystem anspringt und uns prächtig fühlen lässt!

4. Sauerstoff, Natur und Licht

Erst im Busch realisierte ich, dass ich bisher jede freie Minute in der Natur verbracht hatte. Meine Wohnorte sind immer in der Nähe eines Waldes, am Meer oder am See gewesen. Wir tun so viele Dinge automatisch, ohne zu wissen, welchen Stellenwert sie in unserem Leben haben. Ich liebe die Natur, ihre Farbintensität, ihre Düfte, ihre Vielfalt. Frischer Sauerstoff weckt die Lebensgeister und mobilisiert die Abwehrkräfte. Das Licht bessert unsere Stimmung und schüttet das stimmungsaufhellende Wohlfühlhormon Serotonin aus. Tageslicht und Sonne kurbeln zudem die Produktion von Vitamin D – unentbehrlich für die Knochen – an. Afrika hat meine Liebe zur Natur noch verstärkt!

5. Ausgleich vom stressigen Alltag

Druck, Dauererreichbarkeit, Stress, Hektik lösen psychische Belastungen aus und zehren an unseren Nerven, an unserer Widerstandskraft. Ist die Balance zwischen Spannung und Entspannung gestört, kann es zu psychischen und körperlichen Erkrankungen kommen. Es wäre wunderbar, wenn man täglich Zeit für sich in Form von Selbsthypnose mit der *Mesmerize-it*-Technik, mit Meditation oder Yoga einräumen würde. Es wäre das Ticket zur inneren Ruhe und Gelassenheit!

6. Ruhiger, ausgeglichener Schlaf

Schlaf ist ein Grundbedürfnis, das wir ebenso regelmäßig befriedigen müssen wie Essen und Trinken. Da Körper, Geist und Seele Hand in Hand arbeiten, haben Stress, die Unterdrückung von Bedürfnissen und Wünschen, ungesunde Ernährung, einen riesengroßen Einfluss auf unsere Nachtruhe. Ein tiefer, ruhiger Schlaf ist die Voraussetzung für Wohlbefinden und Gesundheit. Der Stoffwechsel wird einen Gang heruntergeschaltet, Reparaturmechanismen laufen auf Hochtouren, das Immunsystem, die Verdauung, das Herz-Kreislauf-System und das Nervensystem regenerieren über Nacht. Schlafentzug wirkt sich negativ auf die Leistungsfähigkeit und die Psyche aus. Das Glas ist dann eher halb leer.

7. Gehirn-Gym

Nicht nur unsere Muskulatur will gestählt werden, auch das Gehirn will ein Leben lang beschäftigt sein. Werden die grauen Zellen nicht animiert und auf Trab gehalten, bauen sie nämlich ab. Das Gehirn braucht Abwechslung, Futter, um neue Nervenzellen zu produzieren und Synapsen zu bilden. Für mich ist die Erde ein Lernplanet. Immer, wenn ich etwas Neues dazulerne, stelle ich fest, dass ich viel weiß, aber eigentlich gar nichts weiß. Die Wissenschaft macht es uns vor. Alle vergangenen Erkenntnisse können mit neuen Forschungen widerlegt und infrage gestellt werden. Darum lautet die Devise: offen und flexibel bleiben.

8. Kompensations- und Genussgifte

Natürlich wissen wir, dass Zigaretten uns vergiften und Alkohol Gehirnzellen zerstört. Allerdings weiß ich aus eigener Erfahrung und aus meiner Praxis, dass man Rauchen, Alkohol, Drogen, Medikamente und übermäßiges Essen nicht einfach von heute auf morgen abstellen kann. Diese »Genussmittel« helfen uns zwar, unsere immer wiederkehrenden Verletzungen zu übertünchen, das Kompensieren hilft aber nur für ganz kurze Zeit. Denn schnell ploppen die Probleme, Sorgen und Ängste wieder auf. Zudem kommt einem die eigene Wut über die mangelnde Disziplin in die Quere, und man verurteilt sich umso mehr. Ein Teufelskreis!

Vor ein paar Wochen las ich eine spannende Studie, die meine Sichtweise vollends bestätigte. Eine kanadische Studie, durchgeführt an 7176 Frauen und 1639 Männern, zeigte eindrucksvoll auf, dass ein Magenbypass zwar beim Abnehmen hilft, doch die meisten Betroffenen mentale Probleme entwickelten, die in Alkoholmissbrauch, Depression, Selbstverletzungen und Suizid mündeten. Die vermeintliche Ursache für ein eingeschränktes, unattraktives Leben – Übergewicht – entpuppte sich als falsch. Das übermäßige Essen kompensierte etwas tiefer Liegendes. Der Gewinn der Leistungsfähigkeit und Attraktivität durch die gewonnene Schlankheit reichte nicht aus. Die Verletzungen und Ängste der Vergangenheit waren mit der Schlankheit nicht verschwunden. Sie kamen wieder und konnten nicht mehr wie in den Vorjahren mit Essen unter Kontrolle gehalten werden. Deshalb wurde entweder eine neue Kompensation gesucht (Alkohol) oder eine Depression entwickelt. Wir müssen begreifen, dass es nötig ist, in unserem Innern »aufzuräumen«, damit sich etwas verändert. Und dies hilft dem Körper, länger fit und gesund zu bleiben.

9. Positive Einstellung zum Leben

Vertrauen in das Leben zu haben, sich selbst ernst und wichtig zu nehmen, eine positive Lebenseinstellung zu haben, tragen dazu bei, bessere psychische Bewältigungsstrategien zu entwickeln. Dadurch setzen wir uns weniger Stress aus und schonen unsere Abwehrkräfte. Außerdem zeigen positiv eingestellte Menschen größere Souveränität und Gelassenheit. Offenheit im Austausch mit Menschen mit unterschiedlichen Erfahrungen und Lebensstilen hilft dabei, flexibel zu bleiben. Denn wer in sich ständig wiederholenden Lebensmustern gefangen ist, grenzt seine Erfahrungsmöglichkeiten ein und lässt sich die Chance entgehen, sein Gehirn rege zu erhalten.

Wo stehen Sie in Sachen Gesundheit? Welchen der Punkte 1 bis 9 haben Sie schon in Ihr Leben integriert? Wo gibt es noch Handlungsbedarf?

- **Das 2. Rad des Lebens: Beziehungen**

Meine zweitwichtigste Säule stellt das Thema Beziehung dar. Damit sind alle sozialen Bindungen zu anderen Menschen gemeint. Soziale Beziehungen gehören zu den wichtigsten Schlüsselfaktoren für Wohlbefinden, Glück und Erfolg. Zwischenmenschliche Beziehungen begleiten uns tagtäglich und überall. Sie können positive oder zugleich auch negative Qualitäten haben. Erlernt ein Kind in den ersten Lebensjahren nicht, diese einzugehen, so ist das Urvertrauen zeitlebens beeinträchtigt.

Das Intensivieren und Ausbauen unserer Beziehungen geschieht durch Zeit und Nähe. Diese werden als Kontaktdichte und Kontakttiefe bezeichnet. Kontaktdichte zeigt die Anzahl der Stunden auf, die wir mit anderen Menschen verbringen. Hinter der Kontakttiefe verbirgt sich der intensive, sehr persönliche und intime Austausch beispielsweise über die eigenen Gefühle, Wünsche, Ängste und Sorgen. Hohe Kontaktdichte ist nicht gleich ein Indikator für Kontakttiefe. Nähe und Zeit sind für mich die kostbarsten Geschenke, die man sich gegenseitig machen kann. Sie werden auch als Ressourcen des Individuums betrachtet und man teilt sie ein in: Eltern-Kind-Beziehungen, Freundschaft, Liebesbeziehungen, Sexbeziehungen, soziale Beziehungen. Man kann sie je nach positiven und negativen Aspekten in vier Grundkategorien einordnen:

1. Die unterstützende, soziale Beziehung
Diese liegt vor, wenn die positiven Aspekte die negativen überwiegen, wenn man sich gegenseitig wertschätzt, vertraut, versteht und liebevoll unterstützt. Eine solche Beziehung gibt Halt, Stabilität und liefert angenehme zwischenmenschliche Erfahrungen. Sie ist geprägt von Kontakttiefe und Kontaktdichte.

2. Die aversive Beziehung
Bei dieser Art des zwischenmenschlichen Miteinanders handelt es sich um eine negative, durch Ablehnung, Abneigung oder Aggressionen bestimmte Umgangsweise. Diese erlebt man häufig im beruflichen Kontext. Diese Form der Beziehung ist sehr energieraubend und vernichtend, da keine der beiden Parteien Verständnis für den anderen aufbringen kann. Sie ist durch eine hohe Kontaktdichte, aber kaum durch Kontakttiefe geprägt.

3. Die indifferente, soziale Beziehung
Damit sind Beziehungen gemeint, die weder eine positive noch eine negative Qualität haben. Beispielsweise zu Kollegen, zu denen wir keine besondere intensive Beziehung haben. Diese Menschen laufen uns immer mal wieder über den Weg, ohne uns emotional zu berühren. Solche Beziehungen zeichnen sich weder durch Kontaktdichte noch durch Kontakttiefe aus.

4. Die ambivalente Beziehung
In dieser Art des Miteinanders geht es um ein stetiges Auf und Ab. Die Haltung gegenüber einem Menschen ist widersprüchlich, zwiespältig. Die Beziehung ist geprägt sowohl durch positive als auch durch negative Aspekte, man ist innerlich zerrissen. Beispielsweise geht es um einen Freund, mit dem man Spaß hat, der sich aber immer mit einem messen möchte. Oder um eine Freundin, die eine ähnliche Wellenlänge hat, aber immer alles besser weiß. Wir verbringen gern Zeit mit diesen Menschen, gehen aber meist mit gemischten Gefühlen auseinander. Diese Beziehungen sind oft durch hohe Kontaktdichte geprägt. Sie kosten viel Energie, da man immer gewahr sein muss, dass einem – sinnbildlich gesprochen – ein Dolch in den Rücken gestoßen wird.

Die meiste Energie, Freude, Motivation und Liebe erhalten wir aus den unterstützenden, sozialen Beziehungen. Die aversiven und ambivalenten fressen regelrecht Lebensfreude und Energie.

Aus welchen Beziehungen beziehen Sie positive Aspekte, welche beschweren Sie oder rauben Ihnen sogar Energie? Welche aversiven und ambivalenten Beziehungen könnten Sie abstellen? Wie viel Kontaktdichte beziehungsweise Kontakt-tiefe haben Sie in den jeweiligen Beziehungen? Was können oder möchten Sie verändern?

- **Das 3. Rad des Lebens: Beruf**

Täglich widmen wir uns durchschnittlich acht Stunden unserem Job, ein Drittel unserer Tageszeit verbringen wir schlafend, ein Drittel in unserem Berufsumfeld. Dies sind 40 Stunden die Woche, 160 Stunden im Monat, 1840 Stunden im Jahr und 82 800 Stunden im Laufe eines durchschnittlichen Arbeitslebens. Unberücksichtigt ist dabei die Zeit, die wir psychisch mit unserem Beruf beschäftigt sind, die Zeit, die wir mit Nachdenken über aktuelle Herausforderungen, Lösungen, Ängste, Druck, Homeoffice, Kontrollieren der E-Mails und so weiter. Ist Ihnen bewusst, dass der Job der Zeitfresser Nummer 1 ist?

Würde man den Job mit einer Ehe vergleichen, so hätten der aktuellen Gallup-Studie zufolge ungefähr 25 Prozent der deutschen Arbeitnehmer bereits die Scheidung eingereicht. Sie haben entweder innerlich gekündigt oder sie machen Dienst nach Vorschrift. Doch es gibt auch Menschen, die für ihren Job brennen (bis sie ausgebrannt sind) und die behaupten, Arbeit sei der wichtigste Aspekt ihres Lebens. Laut einer repräsentativen Umfrage des Gewis-Instituts ist für 54 Prozent der Männer der Job sehr wichtig, doch nur 28 Prozent der Frauen sehen dies so. Meiner Wahrnehmung nach ist die Dunkelziffer sehr hoch, vor allem montagmorgens verrät die nonverbale Sprache, dass die meisten Menschen nicht gern zur Arbeit gehen.

Wie sieht es bei Ihnen in Sachen Job aus? Stellen Sie sich folgende Fragen:

- Stehe ich hinter dem Produkt, der Vision meines Unternehmens, der ganzen Firma?
- Kann ich mich voll und ganz mit meinen Fähigkeiten und Ideen einbringen?
- Stehe ich hinter den Entscheidungen meiner Vorgesetzten?
- Bin ich glücklich, mit dem, was ich tue?
- Erlebe ich Sinnhaftigkeit?
- Stimmen die inneren Werte mit den Werten der Firma überein?
- Lebe ich mein Potenzial aus?

- **Das 4. Rad des Lebens: Finanzen**

Was ist Geld? Eigentlich nur Zahlen auf einem Kontoauszug, schäbige Metallstücke oder zerknitterte Banknoten. Diese große Erfindung des Menschen ist der Motor der Wirtschaft und für unsere Lebensart verantwortlich. In unseren Träumen von der Zukunft spielt es eine entscheidende Rolle, wir sind immer auf der Jagd nach mehr. Doch ab einem bestimmten Einkommensbereich macht es uns weder glücklicher noch zufriedener. Sogar Einkommenseinbußen führen nicht unbedingt zu einer Verschlechterung der Lebenszufriedenheit.

Mit Geld gehen auch negative Emotionen einher. Häufig bemessen wir den eigenen Wert an der Gehaltszahlung, vergleichen uns mit anderen. Neid, Missgunst und Minderwertigkeitsgefühle sind die Folge. Doch egal, wie viel wir verdienen, sobald der Kontostand tiefer als erwartet ist, machen sich Ängste im Inneren breit, die viel Energie und Kraft kosten.

Das, was für jede Firma selbstverständlich ist, wird in vielen Privathaushalten vernachlässigt: das Erstellen eines detaillierten Budgets, das genau aufzeigt, wofür man wie viel ausgibt, wo das Geld hinfließt und wo Einsparungen möglich wären.

Wo stehen Sie im 4. Rad des Lebens? Haben Sie ein Budget erstellt?

• **Das 5. Rad des Lebens: soziales Engagement**

Wussten Sie, dass uns unser Gehirn belohnt, wenn wir Gutes tun? Altruismus und gute Taten aktivieren in unserem Gehirn die gleichen Schaltkreise wie beim Schokoladen- oder Sexgenuss. Jahrzehntelang vertraten Wissenschaftler die Ansicht, dass der Mensch einzig am eigenen Wohlergehen interessiert sei. Doch neueste Erkenntnisse widerlegen diese Annahme. Forscher fanden heraus, dass unser Gehirn zur Kooperation angelegt ist, dass unser persönlicher Vorteil nicht unbedingt im Vordergrund unseres Handelns steht, sondern vielmehr der Wunsch nach sozialer Anerkennung. Diese erhalten wir, wenn wir zusammenhalten und uns gegenseitig unterstützen.

Die jüngste Langzeitstudie, vom Deutschen Institut für Wirtschaftsforschung unter der Leitung von Gert Wagner durchgeführt, hat über 25 Jahre hinweg die Zufriedenheit der Bundesbürger verfolgt. Es stellte sich heraus, dass nicht die Menschen, die im Job und materiell erfolgreich waren, sondern die, die sich gemeinnützig oder in der Familie engagierten, am glücklichsten waren. Soziales Engagement fördert auch die persönliche Entwicklung und stärkt das Selbstbewusstsein. Sie werden erkennen, dass jeder Einzelne in der Lage ist, etwas zu bewegen, zum Positiven zu verändern. Den Selbstlosen und Gebenden gehört die Zukunft.

Wie könnten Sie soziales Engagement in Ihr Leben integrieren? Auf welchem Gebiet könnten Sie sich das vorstellen?

- **Das 6. Rad des Lebens: Freizeitaktivitäten**

Freizeit hat nicht nur eine große Bedeutung für die Wiederherstellung der Arbeitskraft, sondern auch für die Persönlichkeitsentwicklung und das soziale Miteinander. »Acht Stunden Unternehmerdienst, acht Stunden Schlaf, acht Stunden Mensch sein«: So war die optimale Tagesaufteilung des Physikers, Industriellen und Sozialreformers Ernst Abbe, der als Inhaber der Optikerfirma Carl Zeiss die Arbeitszeit beschränkte und 1900 erstmals in Deutschland den Achtstundentag einführte.

Neben Arbeit und Schlaf, bleiben uns also acht Stunden Zeit zur freien Verfügung, in der wir uns mit Freude und Leichtigkeit weiterbilden können. Wir lernen bei allem, was wir tun, egal ob bei Hobbys und Freizeitbeschäftigungen oder beim Sport, bei dem wir Formen des sozialen Miteinanders wie Teamgeist erlernen. Mit jeder neuen Aktivität steigert man die Selbstwahrnehmung und erweitert die eigenen Fähigkeiten.

Laut Erkenntnissen der Stiftung für Zukunftsfragen ist Fernsehen die wichtigste und zeitintensivste Freizeitaktivität der heutigen Zeit, gefolgt vom Surfen im Internet. Die Menschen ziehen sich immer mehr aus dem Familien- und Freundesumfeld zurück und verzichten bewusst oder unbewusst auf Dinge, die einen zur Ruhe kommen lassen würden. Doch wie soll man im Alltag Bestleistungen abrufen, wenn einem der Ausgleich im Privatleben fehlt und die Akkus nicht wieder neu geladen werden können? Wenn wir gleichzeitig Mails abrufen, im Internet surfen, WhatsApps schreiben, bei Facebook und Instagram die Likes checken, ist unser Akku schneller leer, als wenn wir nur einer Tätigkeit nachgehen. Ähnlich arbeitet auch unser Körper, je mehr Sinneseindrücke, umso höher die Ermüdung. Dieser selbst gewählte Stress führt neben der Isolation auch zu einer Schwächung des Immunsystems, was uns für Viren und Bakterien empfänglich macht. Ein Teufelskreis! Wir benötigen Zeit für Entspannungsphasen, um uns wieder aufzubauen, zu spüren und vom Stress zu erholen. Eine Life-Work-Balance (ausdrücklich in dieser Reihenfolge!) ist wichtig, um lange leistungsfähig und motiviert zu bleiben. Vernachlässigt man diese, so hat es Auswirkungen auf die anderen Lebensräder, wie beispielsweise auf das der Gesundheit.

Schalten Sie Ihr Telefon nach Arbeitsschluss einfach aus, treffen Sie Freunde, betätigen Sie sich sportlich, probieren Sie sich aus, machen Sie das, worauf Sie Lust haben! Wie halten Sie es mit Freizeitaktivitäten? Wie tanken Sie auf? Wo entspannen Sie am besten? Was wollten Sie schon immer ausprobieren?

• **Das 7. Rad des Lebens: Spiritualität**

Viele Jahre konnte ich mit diesem Begriff nichts anfangen, ich legte es gern in die Esoterik-Schublade und glaubte, das alles habe nichts mit mir zu tun. Doch je älter ich werde – und das Abenteuer Afrika ist nicht ganz unschuldig daran –, glaube ich, dass Spiritualität ein wichtiger Teil des Menschseins darstellt. Wir sind ständig damit beschäftigt, Pflichten zu erfüllen und uns so zu verhalten, wie die Gesellschaft uns gern sehen möchte. Doch was ist mit der Fähigkeit, uns selbst richtig kennenzulernen, in uns hineinzuhören, das Leben optimal zu nutzen, um die eigene Bewusstwerdung effektiv voranzutreiben, sich selbst als Ganzes zu entdecken? Das war schließlich das Movens meines Aufbruchs nach Kenia, fernab der Zivilisation, gewesen. Wie schafft man es, Körper und Seele in Einklang zu bringen? Meiner Erfahrung nach, indem man sich täglich Zeit für sich, für Meditation und Selbsthypnose nimmt, das eigene Weltbild hinterfragt, seelische Blockaden erkennt und auflöst. Sich auf eine Reise nach innen begibt.

Spiritualität ist etwas Unsichtbares, etwas, das tief in uns selbst schlummert, das Antworten auf unsere Fragen gibt – Wer bin ich? Warum bin ich hier? Was ist meine Aufgabe? Wie kann ich meine eigenen Grenzen überwinden? Wie kann ich das bestmöglichste Potenzial aus mir selbst herausholen? Diese Antworten offenbaren sich uns nur, wenn wir uns Raum und Zeit nehmen, uns mit uns selbst zu befassen. Krisen, Veränderungen, offene, tiefe Gespräche mit wahrhaftigen Menschen beschleunigen unsere Suche. Vielleicht spüren Sie auch eines Tages eine Leere in sich. So wie ich vor meiner Afrika-Reise. Dann ist der Zeitpunkt gekommen, in sich zu gehen und sich einige Lebensfragen zu stellen, Orientierung und Sinn zu suchen – so wie ich es im kenianischen Busch getan habe.

Wo stehen Sie heute in Sachen Spiritualität? Was tun Sie, um die Reise nach innen anzutreten? Yoga, Meditation, Selbsthypnose, Floating, Ausflüge in die Natur beschleunigen den Weg zu Ihrer Berufung.

- **Das 8. Rad des Lebens: Berufung**

Alle acht Räder greifen ineinander. Wer nicht bereit ist, in sich hineinzuhören, dem bleibt es verwehrt, seine wahre Berufung zu finden. Jeder Mensch hat einzigartige Talente und eine einmalige Persönlichkeit. Die eigene Berufung zu finden, heißt, den Spagat zwischen den Anforderungen der Außenwelt und den Bedürfnissen der Innenwelt zu schaffen. Immer wieder auf die innere Stimme zu hören, mit dem Herzen zu fühlen, und das Gespürte umzusetzen. Um die wahre Berufung zu finden, braucht man Geduld, Vertrauen, Beharrlichkeit, Freude und Begeisterung. Die Seele muss genährt, gepflegt und umsorgt werden, dann liefert sie uns die ersehnten Antworten. Es ist ein Prozess, in den wir hineinwachsen, wenn die äußeren Stimmen an Bedeutung verlieren, wir uns nach innen kehren. Um den eigenen Weg zu finden, muss man oft unbequeme, herausfordernde Pfade gehen. Doch am Ende wird Mut belohnt, denn Visionen und Begeisterung schenken Glaubwürdigkeit und Authentizität und inneren Frieden.

Wo stehen Sie im Rad des Lebens? Wo gibt es noch Handlungsbedarf? Wie können Sie die Räder *Gesundheit*, *Beziehungen*, *Job*, *Karriere*, *Finanzen*, *soziales Engagement*, *Freizeitaktivitäten*, *Spiritualität* und *Berufung* noch besser ineinandergreifen lassen? »Am Ende wird alles gut. Und wenn es noch nicht gut ist, ist es noch nicht das Ende«, soll Oscar Wilde gesagt haben.

TRADITIONEN

Neues Leben

Bei den Mijikendas ging alles sehr unaufgeregt vonstatten. Schwangerschaft und Geburt gehörten einfach zum Alltag. Jede Frau hatte im Durchschnitt sechs bis zehn Kinder.

Joy, ein sechzehn Jahre altes, sehr zierliches Mädchen war hochschwanger. Ich fragte, ob ich mit ihr über Schwanger- und Mutterschaft reden durfte. Verlegen lächelnd stimmte sie zu. Ich erkundigte mich, wie sie die Schwangerschaft empfinde, ob sie das Kind bewusst in solch zartem Alter gewollt habe, ob ihr Mann sich freue, ob sie schon bei Arzt gewesen sei, wer sie auf die Geburt vorbereite.

Stockend erzählte sie, dass sie von der Schwangerschaft überrascht worden sei. Sie wurde nicht aufgeklärt und war bei den ersten sexuellen Erfahrungen gleich schwanger geworden. Es war ihr wie allen im Dorf sehr unangenehm, über Sexualität zu sprechen. Erschwerend kam hinzu, dass sie in Gegenwart eines Mannes darüber reden musste, denn Rama übersetzte es für mich. Er war ebenfalls sehr verlegen.

Sie war nicht verheiratet, der Vater des Kindes würde mit großer Wahrscheinlichkeit die Verantwortung dafür nicht auf sich nehmen. Die würde das Dorf an seiner statt tragen.

Joy machte sich keine Gedanken über die Zukunft des Kindes, es würde schon alles irgendwie klappen. Ein Kind mehr oder weniger war keine besondere Belastung für die Dorfgemeinschaft. Zum Arzt ging man ohnehin nur, wenn man in Lebensgefahr war – und selbst dann oblag es Chibiriti und Mama Pendeza zu entscheiden, ob ein Arzt- oder Krankenhausbesuch finanziell möglich waren. Ultraschall und Voruntersuchungen, die über den Gesundheitszustand des Fötus Auskunft geben konnten, gab es im Busch nicht. Auch die Errechnung des Geburtstermins war unwichtig. Der Geburt sah man mit großer Gelassenheit entgegen: Das Kind würde auf die Welt kommen, wenn es so weit war. Auch das Geschlecht spielte für sie keine große Rolle. Wenn sie die Wahl hätte, würde sie sich für einen Jungen entscheiden, weil ein Junge nicht schwanger werden könne und sich nicht alleinerziehend auf der Welt behaupten müsse. Er brächte keine Schande über die Familie. Vermutlich spielte Joy mit dieser Aussage auf ihr eigenes Schicksal an.

Der spitzen Bauchform nach zu urteilen, nahm Oma Paris an, Joy würde einen Jungen zur Welt bringen. Als Stammesälteste bereitete sie Joy durch Gespräche auf die Geburt vor. Sie war sozusagen die Hebamme des Dorfes und hatte die Geburt der meisten Kinder des Dorfes begleitet. Als ich Joy fragte, ob sie Angst vor der Geburt habe, lächelte sie und fragte, warum sie sich davor fürchten sollte. Sie hatte ja recht, denn es ist die natürlichste Sache der Welt! Ihre Ernährung und ihre Gewohnheiten hatte Joy während der Schwangerschaft nicht verändert – kein Kunststück beim dortigen Speiseplan und Angebot! Zusätzliche Vitamine, Mineralstoffe und Folsäure – Fehlanzeige. Sie ging ihren gewohnten Pflichten nach, betrieb Feldarbeit, holte Wasser, als wenn nichts wäre. Sie schlief etwas mehr, doch sonst habe sich in ihrem Leben nichts geändert.

Ich war neugierig zu erfahren, wie Oma Paris sie auf die Geburt vorbereitet hatte. Sie zeigte mir eine Atemübung: Man atmete schnell dreimal hintereinander ein, bis die Lungenflügel gefüllt waren, dann atmete man ganz langsam wieder aus. Beim Ausatmen würde man jeden negativen Gedanken, jede negative Emotion wie Angst oder Wut einfach ausatmen. Das war fast schon eine Mentalübung. Oma Paris hatte Joy über die drei Phasen der Geburt informiert, wer sie begleiten würde und wie sie sich zu verhalten habe. Die Götter schauten ja zu und wollten nicht erzürnt werden. Und wie erzürnte man sie nicht? Indem man das Baby in absoluter Ruhe empfing. Kein Laut sollte über ihre Lippen kommen. Wie sollte das denn gehen, dachte ich? Bekanntlich geht es im Kreißsaal alles andere als leise zu. Schreie können befreiend sein und der Geburt guttun, für eine Hebamme unserer Breitengrade gehören zu ihrem Arbeitsalltag.

Im Dorf der Mijikendas war es auch nicht üblich, dass eine Mutter für eine Babyausstattung sorgte. Jede Familie gab die gebrauchten Babysachen einfach weiter. Es wurden übrigens noch Stoffwindeln verwendet, die dann ausgewaschen werden mussten. Schon mühsamer als mit Wegwerfwindeln! Mehr brachte ich nicht in Erfahrung.

Joy freute sich auf das Kind und ihre Mutterrolle. Durch die Geburt eines Kindes gehörte sie zur Gruppe erwachsener Frauen. Angst vor der Geburt schien sie nicht zu haben. Ich fragte sie, ob ich bei der Geburt dabei sein durfte. Sie zuckte mit den Schultern, was so viel hieß, wie: Warum denn nicht …

Lächelnd saß ich an meinem Lieblingsplatz mit Blick über das gesamte Tal. Ich vergegenwärtigte mir noch einmal das Gespräch. Der Schwangerschaftsvorbereitung wurde im Busch keine große Beachtung geschenkt, ganz im Gegensatz zu unserer Kultur, wo viel Aufheben von diesem Ereignis gemacht wird. Schwangerschaft und Geburt gelten im Westen als nachhaltig lebensverändernd. Werdende Mütter lesen Ratgeber, stellen ihre Ernährung und ihr Verhalten um, besuchen Atemkurse zur Geburtsvorbereitung, unterziehen sich einer Vielzahl von ärztlichen Untersuchungen, lassen mindestens drei Ultraschall-Vorsorgeuntersuchungen vornehmen, gegebenenfalls eine Fruchtwasseruntersuchung zur Pränataldiagnostik. Dazu stellen sie sich Fragen nach der Geburtsart – Hypno-Birthing, Periduralanästhesie oder Kaiserschnitt –, machen sich Gedanken über das Kinderzimmer, die passende Ausstattung, den Namen, die Kita, die Schule und so weiter.

Im Busch würde man sich bestimmt über das Ausmaß unserer Vorbereitung auf eine Geburt amüsieren. Unsere Atemkurse wären wahrscheinlich ebenso verstörend, wie meine täglichen Sporteinheiten. Wieder wurde mir klar, dass es unzählige Mikrouniversen gibt, in denen jeder an den eigenen Überlieferungen festhält und sich entsprechend dem jeweiligen Kulturkreis verhält.

Rama erzählte mir später, dass Mama Pendeza und Chibiriti von Joy enttäuscht seien. Sie habe Schande über das Dorf gebracht. Man habe beim Vater des Kindes vorgesprochen, er sei aber nicht bereit, Verantwortung zu übernehmen. Unter dieser Voraussetzung sei eine künftige Ehe aussichtslos. Joy habe ihr Leben zerstört. Verschiedene Frauen hatten nun die Aufgabe, sie abzuschotten, damit nicht jeder von dieser

»Schande« erfahre, denn ein solches Vorkommnis bringe das gesamte Dorf in Verruf.

Das war also der Grund, weshalb ich Joy vorher nicht gesehen hatte. Sie tat mir unendlich leid, denn sie wurde für etwas bestraft, das sie nicht begreifen konnte. Aufklärung und Einweisung in Verhütung fanden im Busch kaum statt. Das Thema Sexualität wurde tabuisiert.

Ein paar Tage vor meiner Rückkehr in die Zivilisation wurde ich mitten in der Nacht geweckt: Die Wehen hatten bei Joy eingesetzt! Ich wurde in Oma Paris' Hütte geführt. Ein großes Feuer wurde im Raum angezündet, Rauchschwaden waberten durch die Hütte. Rama durfte sich nicht dort aufhalten, denn angeblich brachte es Unglück, wenn Männer bei der Geburt zugegen waren, zudem würde es die bösen Geister entfesseln. Also beobachte ich nur, merkte mir meine Fragen für später und versuchte, mich nützlich zu machen. Neben Oma Paris waren zwei weitere Frauen im Raum. Joy wurde aufgefordert, sich so viel wie möglich zu bewegen. Auf ihren Runden durch die kleine Hütte wurde sie von den Frauen gestützt. Immer wieder wurde sie hingelegt, und Oma Paris prüfte mit ihren Fingern die Öffnung des Muttermunds.

Es schien sich noch um die erste Phase zu handeln. Die Wehen kamen alle sieben, acht Minuten. Aus Joys Mund war kein einziger Laut zu hören. Einzig das Beben ihres schmalen Körpers signalisierte, wie schmerzhaft es war. Sie lief, lag, bekam den Bauch massiert, den Muttermund vermessen. Ihr Körper wurde mit warmem Wasser abgewaschen, mit Kräutern eingerieben. Von Zeit zu Zeit wurden die Wassertöpfe ausgetauscht. Die Abstände zwischen den Wehen verkürzten sich. Verlegen tupfte ich ihr die Schweißtropfen von der Stirn, streichelte ihr liebevoll den Kopf und die Hand. Alles verlief ruhig und unaufgeregt. Die einzige Aufgeregte war ich ...

Die Helferinnen verstanden sich ohne Worte. Der Muttermund weitete sich immer mehr, man konnte das Köpfchen schon sehen. Tränen liefen mir über die Wangen, ich war tief ergriffen von diesem Wunder der Natur, dem ich beiwohnen durfte! Die Positionen wurden auf Ansage gewechselt: stehend, kniend, sich bewegend presste Joy ihr Baby aus sich heraus. Dabei wurde sie immer wieder mit einem Kräutersud besprenkelt. In der Hütte waren gefühlt 42 Grad. Schweiß strömte ihr über den Körper – aber auch ich war in Schweiß gebadet. Und immer noch kam kein Ton über ihre Lippen. Der Schrei des kleinen Jungen ging mir durch Mark und Bein. Die drei Helferinnen checkten alles ab. Joy bekam ihren Sohn in den Arm gelegt. Tränen kullerten über ihr Gesicht, ihre Augen strahlten pure Liebe aus.

Es war wahrscheinlich das Schönste, was ich bislang erlebt hatte. Ich weinte und lachte gleichzeitig. Ein paar Minuten später folgte die Plazenta, sie wurde gründlich untersucht und mit einem Sud gereinigt. Dann wartete man, bis die Nabelschnur trocknete und von selbst abfiel. Oma Paris ging mit der Nachgeburt nach draußen und forderte mich auf mitzukommen. Ein paar Meter von den Hütten entfernt hatte man bereits ein Loch ausgehoben, in das die Plazenta vergraben wurde. Mit Gesten gab sie mir zu verstehen, dass der Mutterkuchen von allen Kindern, die im Dorf geboren worden waren, in dem umliegenden Gelände vergraben wurde. Die Mijikendas glaubten nämlich, dass die Bindung von Mutter und Kind gefährdet sei, wenn jemand in den Besitz der Plazenta käme. Deshalb wurde sie vergraben, um sie vor den bösen

Geistern zu schützen. Der Platz war nur wenigen Eingeweihten bekannt.

Zurück in meiner Hütte stellte ich fest, dass die Geburt innerhalb von drei Stunden erfolgt war. Ich brauchte auch die Erläuterungen Ramas nicht, weil ich alles verstanden hatte und selbst so erschöpft war, als hätte ich gerade einem Kind das Leben geschenkt. Mittags schaute ich bei Joy vorbei, um mich nach ihrem Befinden zu erkundigen. Ihr und dem kleinen John ging es sehr gut. Der Milchfluss hatte bereits eingesetzt, und Joy hatte dem Kleinen schon die Brust gegeben. Alles schien seinen natürlichen Weg zu gehen. Wenn Komplikationen aufträten, so erklärte mir Rama später, hätten sie meistens einen tödlichen Ausgang, da keine ärztliche Hilfe vor Ort sei. Auch das gehörte zum Alltag dieses Dorfes.

Tod

In kenianischen Busch geht man mit dem Tod ebenso unaufgeregt um wie mit der Geburt. Er gehört einfach zum Leben. Dies bedeutet nicht, dass die Mijikendas nicht trauern, sie verlieren aber nicht gleich den Boden unter den Füßen, wie der Tod es bisweilen bei uns als Folge hat. Dahingestellt sei, ob es daran liegt, dass die Lebenserwartung wesentlich niedriger ist als bei uns. Das Durchschnittsalter der Bevölkerung liegt in Deutschland bei 81,1, in der Schweiz bei 82,2, in Spanien bei 83,1 und in Kenia bei 62,1 Jahren.

Eines Abends klingelte mein kenianisches Telefon. Baraka war dran, unser tägliches Austauschtelefonat. Doch als ich mich freudig meldete, hörte ich seine gebrochene, fast tonlose Stimme. Mit belegter Stimme erklärte er mir, seine Mutter sei am Morgen gestorben. Ich hatte schon viel von seiner Mutter gehört, die darauf bestanden hatte, dass er als Erster und Einziger der großen Familie aufs College und auf die Universität gehen sollte. Sie hatte ihn, das Nesthäkchen, besonders verwöhnt. Sie lebte bei Baraks ältestem Bruder, war 87 Jahre alt und schon lange krank. Wegen ihrer Arthritis konnte sie sich schon seit Jahren nicht mehr frei bewegen. Eine Operation, um künstliche Gelenke einzusetzen, war unbezahlbar. Die gesamte Familie – sie hatte zwölf Kindern das Leben geschenkt – legte zusammen und kam für ihren Lebensunterhalt, die Krankenhaus- und Arztbesuche sowie die Medikamente auf. Sie war im Schlaf an Herzversagen gestorben.

Nun begannen die Vorbereitungen für die Beerdigung. Je bekannter ein Mensch war, umso größer war die Anzahl der Trauergäste. Es gab ein zweitägiges Abschiedsritual mit Essen und Trinken für alle – eine große Herausforderung, weil viele Gäste lange Anfahrtswege hatten und eine Vollverpflegung erwarteten. Es wurden etwa 1000 bis 1200 Gäste aus ganz Kenia erwartet, was zusammen, mit Sarg, Sargtransport, Zelten, Stühlen, Musikanlage und Bestattung eine finanzielle Belastung von 250 000 KES (circa 2000 Euro) bedeutete. Baraka geriet mächtig unter Druck, denn über so viel Geld verfügte die Familie nicht. Um Zeit zu gewinnen, wurde der Leichnam in die Kühlanlage des Krankenhauses gebracht. Familienangehörige, Nachbarn, Freunde und Bekannte wurden aufgefordert, sich finanziell an der Beerdigung zu beteiligen. Nach zwei Wochen war es dann so weit. Die Tote wurde wieder ins Haus von Barakas Bruder gebracht, man zog ihr die Lieblingskleidung an, schminkte sie, dann wurde sie aufgebahrt, damit alle von ihr Abschied nehmen konnten. Es wurde geweint und geklagt, aber auch gelacht. Die Nacht über blieb die Tote im Hause ihres ältesten Sohns im Kreise ihrer Kinder und Enkelkinder. Am nächsten Morgen wurde der Sarg auf einen Van verladen und zu ihrem Geburtsdorf gebracht. Dort standen Zelte und Stühle bereit, um die offizielle Beerdigungszeremonie durchzuführen. Es wurden Geschichten und Anekdoten aus dem Leben der Toten erzählt und Dankesreden für erwiesene Wohltaten gehalten. Alle lachten und weinten zusammen, nahmen bewegend Abschied von der Verstorbenen. Kenianische Frauen dürfen den Tränen freien Lauf lassen, Männer werden hingegen angehalten, ihre Gefühle zu verbergen. Alle Männer, einschließlich der Söhne, wirkten emotionslos und distanziert. Baraka sagte zwar, dass er sehr traurig sei, aber anzusehen war es ihm nicht.

Barakas Mutter wurde neben ihrem Mann und ihrem verstorbenen Sohn beerdigt. Der Sarg wurde von den Söhnen zum Grab getragen und langsam heruntergelassen. Am offenen Grab wurden ein paar Worte gesprochen und ein Lied gesungen. Die Anwesenden warfen eine Handvoll Erde auf den Sarg, dann wurde das Grab zugeschaufelt. Es schien Baraka zu beruhigen, dass seine Mutter in der Nachbarschaft ihres Mannes und ihres verstorbenen Sohnes beerdigt wurde und in »gute Hände« kam.

Dann begann das Beerdigungsmahl. Es gab Reis, Bohnen und Rindfleisch für alle. Es wurde getanzt, gesungen und über das Leben der Verstorbenen erzählt. Am Abend kehrten alle wieder nach Hause, alles ging wieder seinen gewohnten Gang.

Die Grabstätte eines Angehörigen wird in Kenia zum Jahres- und Geburtstag von der ganzen Familie besucht. In den Städten hat die Regierung vorgegebene Plätze, an denen Menschen begraben werden dürfen. Im Busch dürfen die Menschen nach Belieben die Gräber ausheben.

Etwa 250 Meter von den Hütten entfernt, in der Nähe der Plazenta-Gräber, lagen in »meinem« Dorf die verstorbenen Ahnen. Zum Glück erfuhr ich dies erst am Ende meines Afrika-Aufenthalts. Es hätte mich bei meinen nächtlichen Toilettengängen verstört zu wissen, dass unweit Dutzende Tote begraben waren!

Heilung und Voodoo

Heilung kennt viele Wege. Als große Ayurveda- und TCM-Begeisterte war ich natürlich sehr gespannt, was mich in einem Heilerhaushalt erwarten würde. Die traditionelle Medizin ist ein wichtiger Pfeiler in der Gesundheitsversorgung Kenias. Während auf einen traditionellen Heiler 987 Einwohner entfallen, kommen auf einen Schulmediziner circa 7142 Einwohner.

Pendeza und Chibiriti sind über die Stadtgrenzen hinaus bekannte Heiler, die mit Voodoo, Weissagungen und TAM (Traditionelle Afrikanische Medizin) ihre Klienten unterstützen und heilen. TAM beinhaltet einheimisches Kräuterwissen, gepaart mit afrikanischer Spiritualität. Sie wird von Hebammen, Wahrsagern, Geistheilern und Kräuterkundigen eingesetzt. Etwa 80 Prozent der Bevölkerung greifen auf dieses alte Wissen zurück. Im Gegensatz zu TCM/Ayurveda ist

dieses Wissen nicht aufgeschrieben, sondern mündlich überliefert und wird von Familie zu Familie weitergegeben. Die
Rezepturen werden nicht öffentlich gemacht und es werden
auch keine Patientenakten geführt. Jede/r hat die eigenen Rezepturen und Vorgehensweisen. Die meisten Heiler kommen
durch spirituelle Berufung zu ihrer Tätigkeit. Ein Ahnengeist –
zum Beispiel der Geist der toten Großmutter oder eines nicht
verwandten Verstorbenen – ergreift von bestimmten Personen
Besitz und lässt sie als spirituelles Medium fungieren. Diese
Personen besitzen dann die Fähigkeit zu heilen und/oder zu
weissagen. Der werdende Heiler kann nun mit dem Geist des
Verstorbenen Kontakt aufnehmen und beispielsweise Pflan-
zenheilmittel erklärt bekommen.

Pendeza wurde von ihrer toten Großmutter auserkoren,
ihr Wissen weiterzugeben, während Chibiriti von seinem Vater in die Materie eingeweiht wurde. Sie tauschen sich intensiv
über ihre Fälle und Rezepturen aus und sind in ihrem Beruf
gleichberechtigt. Nur wenige Heiler durchlaufen eine richtige
Ausbildungszeit, in der sie ihren Beruf vom Großvater oder
Vater erlernen. Manche Frauen gehen bei ihrem Mann in die
Lehre, um später als Herbalistinnen tätig zu sein.

Meine beiden »Hausleute« arbeiten eher auf spiritueller
Ebene. Ihnen zufolge gibt es zwei Ursachen für eine Erkrankung: die »natürliche« Krankheit, die auf Ansteckung, Un-
fälle, Wetterbedingungen, Parasitenbefall zurückzuführen ist,
oder das Leiden, das durch zauberkräftige Menschen, Götter,
Urahnen oder Geister entstanden ist.

Pendeza nutzt als zusätzliche Diagnosemethode die Weis-
sagung durch Hölzer, Wurzeln oder Knochen. Diese werden
vom Patienten geworfen oder gezogen. Beim Werfen entstehen

verschiedene Kombinationen, von denen jede ihre eigene Bedeutung hat. Es war immer wieder ein beeindruckendes Spektakel, aber obwohl ich zigmal zugeschaut habe, konnte ich das Muster dahinter nie erkennen.

Sowohl Pendeza als auch Chibiriti nutzen die Trance, um mit den Urahnen oder der spirituellen Welt in Verbindung zu kommen. In diesem Entspannungszustand erhalten sie Informationen über die Krankheit, die Hintergründe des Leidens, Lösungen und die richtigen Tinkturen, um die Erkrankung zu heilen.

Es werden keine Termine vereinbart, die Menschen kommen einfach zu ihnen und nehmen stundenlange Wartezeiten in Kauf, bis sie an der Reihe sind. Die Patienten bringen immer mehrere Angehörige mit, um möglichst alle Fragen nach der Familie und den Ahnen beantworten und die Heilungstipps besser behalten zu können. Sechs Ohren hören schließlich mehr als zwei.

Beide arbeiten mit einem Methodenmix. Dieser umfasst Magie, Fastenmethoden, Diäten, herbeigeführtes Erbrechen, Schröpfen, Kräuteraufgüsse und Umschläge aller Art. Gern wird auch mit Tieren gearbeitet, vor allem mit Hühnern, die sozusagen die Leiden vom Menschen übernehmen sollen. Das Schwarze zieht den Zauber aus dem Körper, das Weiße bringt Reinheit und Gesundheit zurück. Pendeza ist sogar in der Lage, die aktuellen Symptome eines Kranken festzustellen, bevor er seine Beschwerden schildert.

Fasziniert fragte ich Rama, woran sie ihre Diagnose festmache. Er antwortete, sie bekomme sie von den Urahnen in der Trance mitgeteilt. Hat sie die Ursache ergründet, so teilt sie diese dem Patienten mit, der nun die Möglichkeit hat, Fragen zu stellen oder die Ursache anzuzweifeln – was allerdings noch nie passiert sein soll, weil sie anscheinend immer den Nagel auf den Kopf trifft.

Wenn die Beschwerden auf Hexerei zurückzuführen sind, wird nur eine grobe Beschreibung der infrage kommenden Person gegeben, und der Betroffene bespricht mit seinen Familienangehörigen, wer die dafür verantwortliche Person sein könnte. An dieser Stelle wird deutlich, dass der Patient in diesem System ein erhebliches Mitspracherecht besitzt.

Die Heiler werden im Busch nicht nur bei physischen, sondern vor allem bei sozialen, psychischen und spirituellen Problemen aufgesucht. Die Kosten für diese Behandlungen können ziemlich hoch sein. Es kann in Raten oder mit Waren aller Art bezahlt werden. Die Behandlung dauert dreißig bis sechzig Minuten, ist also besonders lang im Vergleich zu der in der Krankenhausambulanz. Die meisten Arzneimittel werden aus unterschiedlichen Kräutermixen frisch zubereitet.

Auch bei den Mijikendas besteht das Leben aus drei Komponenten: Körper, Geist und (Vernunft-)Seele. Die Seele soll für die kognitiven Prozesse (Denken, Planen, Entscheiden, Wahrnehmung) zuständig sein. Nach dem physischen Tod lebt die Vernunftseele als Ahnengeist weiter. Die Ahnengeister setzen sich beim Schöpfer für die Belange ihrer Nachkommen ein und überwachen deren Leben und Gesundheit.

Krankheiten, wie Erkältungen, Husten oder Fieber, die nur den Körper beeinträchtigen, schreibt man der Umwelt zu. Diese Beschwerden gelten als harmlos und können auch mit moderner Medizin behandelt werden. Halten diese Symptome länger als ein paar Tage an, so gelten sie als abnorm und bedürfen einer Abklärung.

Ernstere Gesundheitsprobleme, die körperlich, geistig und spirituell schwächen, schreibt man dem Einfluss von bösen Mächten zu, vor allem Menschen ohne spirituellen Schutz scheinen davon betroffen zu sein. Voodoo-Rituale können helfen, diesen Schutz zu erlangen.

Ich durfte mehreren Sitzungen beiwohnen. Eine Frau kam mir ihrer Tochter und ihrem Sohn zu Mama Pendeza in die Hütte, wo sich zahlreiche Menschen versammelt hatten. Pendeza streifte sich unzählige Ketten, gefertigt aus Knochen und Muscheln, über. Für das Voodoo-Ritual hatte sie spezielle Kleidung in Rot und Weiß. Sie malte auf dem Boden ein Sandbild, daneben sollte das Geld für die Sitzung gelegt werden. Sie streute ein Pulver auf ihren Handrücken, schnupfte es durch das rechte und linke Nasenloch, dabei verdrehten sich ihre Augen. Ihr Körper begann, sich rhythmisch zu bewegen, sie pfiff, stieß urige Laute aus, schüttelte eine Rassel in ihrer Hand, malte unkoordiniert im Sandbild herum. Sie schien in Trance zu sein. Alle schauten ihr gebannt zu. Plötzlich hielt sie inne, stoppte den Gesang, beugte den Kopf nach hinten, als bekäme sie eine Eingebung vom Himmel.

Sekunden später schlug sie die Augen auf und fing an, das Sandbild zu deuten. Sie erklärte der Hilfe suchenden Frau, dass ihre starken Rückenschmerzen durch einen Menschen verursacht seien, den sie in ihrem Haus aufgenommen habe und der leider keine reinen Gedanken habe. Diese Person versuche, sie und ihre Angehörigen aus dem eigenen Haus zu vertreiben. Die drei Familienmitglieder sahen sich mit verwunderten Blicken an. Es entbrannte eine hitzige Diskussion. Allem Anschein nach hatte Pendeza den Nagel auf den Kopf getroffen. Als alle sich wieder beruhigt hatten, erklärte die

Kundin Pendeza, dass sie ihren Bruder bei sich aufgenommen habe, und es Tag für Tag unerträglicher mit ihm werde. Um ihren Rückenschmerzen sofort Linderung zu verschaffen, gab Pendeza der Frau Kräuterumschläge sowie den von den Urahnen erhaltenen Rat mit auf den Weg, den Bruder wegen seiner negativen Gedanken aus dem Haus zu vertreiben. Glücklich zog die Familie von dannen, die Kreuzschmerzen der Frau schienen verschwunden, als sie beschwingt das Dorf verließ.

Was Pendeza schnupfte, konnte ich nicht herausfinden. Sie trug die Dose, in der das Schnupfmittel steckte, wie ein Heiligtum an ihrem Körper.

Chibiriti bekam Besuch von einer Frau, die sich über ihre Unfruchtbarkeit beklagte. Sie kam allein, da sie ihre Not geheim halten wollte. Er führte sie auf die heilige Lichtung und setzte sich mit ihr auf den Boden. Rama und ich saßen im Hintergrund. Die Frau erzählte, dass sie nun drei Jahre verheiratet sei, sie aber nicht schwanger wurde. Ihr Mann würde sie mehr und mehr ablehnen, und die Dorfbewohner würden ihr verachtende Blicke zuwerfen. Sie habe nun Angst, dass sie unfruchtbar sei, eine andere Frau ihren Platz einnehme und sie nie in den Dorfzirkel der Mütter aufgenommen werde.

Chibiriti nickte, er hatte das Problem erfasst. Er wog den Körper hin und her und summte sich in den Trancezustand. Auch er bekam Eingebungen. Nach einiger Zeit hielt er inne, schlug die Augen auf und kam zurück ins Hier und Jetzt. Er erklärte, er habe mit dem Geist der Mutter der Frau gesprochen. Diese sei wütend, und traurig, weil der Bräutigam das vereinbarte Brautgeld, eine Ziege, nicht entrichtet habe. Darum habe sie die Ehe ihrer Tochter verflucht. Er empfahl der Kundin, der Familie der Mutter eine Ziege zu übergeben.

Diese wäre dann besänftigt und würde eine Schwangerschaft befürworten. Wieder einmal war ich völlig überrascht. Gab es da oben etwas, das sich meinem Verstand entzog?

Chibiriti gab der Frau ein paar Kräuter, die sie zu Hause zehn Minuten lang aufkochen sollte. Den Sud sollte sie dann trinken, er würde den Körper optimal auf das Empfangen des Samens des Mannes vorbereiten, einer Schwangerschaft würde nichts mehr im Wege stehen. Erfreut bezahlte die Frau die Heilungsgebühr und ging ihres Weges. Ob es funktioniert hat, habe ich nie erfahren …

Die Sitzungen waren sehr aufregend, aber für meinen Verstand nicht nachvollziehbar und eine Spur zu verrückt. Ich konnte mir nicht vorstellen, diese Erkenntnisse mit nach Hause zu bringen. Die TAM ist für mich in Zürich nicht umsetzbar. Doch nur weil etwas für mich nicht funktioniert, heißt es nicht, dass es für andere ebenso gilt. Der Glaube versetzt bekanntlich Berge! Unsere Einstellung entscheidet darüber, ob etwas funktionieren wird oder nicht.

Umgang mit Krankheit und Behinderung

Von einer Krankenversicherung, die eine Untersuchung beim Arzt und bei Bedarf eine Behandlung im Krankenhaus ermöglichen würde, davon träumten die Dorfbewohner im Busch. Kenias Gesundheitssystem ist desolat. Die Menschen können hier schwer krank sein, umfallen – und keiner hilft. Die erste Frage gilt immer der Kostendeckung.

Bei einer akuten Erkrankung kommt bei uns binnen Minuten der Krankenwagen mit dem Notarzt und ausgebildeten

Sanitätern. Monatelang werden Patienten künstlich am Leben gehalten, und in Kenia, gerade mal 11 000 Kilometer und sieben Flugstunden entfernt, ist ein Menschenleben nichts wert. Wie ungerecht geht es auf der Welt zu, und wie wenig wissen wir unseren Luxus zu schätzen!

Ich stellte im Busch fest, dass es Menschen gab, die kaum noch etwas hörten; Kinder, die sehr schlecht sahen: ältere Menschen, die sich infolge von Arthrose kaum noch bewegen konnten. Es gab unendlich viele Schmerzpatienten, doch niemand jammerte oder haderte mit seiner Krankheit. Alle versuchten, mit ihren Leiden umzugehen.

Viele Dorfbewohner hatten gesundheitliche Defizite und konnten sie nicht behandeln lassen. Auch die Heiler konnten den Sehbehinderten das Augenlicht nicht wieder schenken und den Arthrosegeplagten nicht das Laufen erleichtern. Sie verordneten zwar Kräutersuds und Umschläge, wandten die Schröpftherapie an – lauter Mittel, die eine kurzfristige Linderung, doch keine Gesundung bewirkten. Die Heiler »meines« Dorfes schienen auch eher auf spirituelles Heilen spezialisiert zu sein. Für alltägliche und chronische Krankheiten hatten sie keinen Blick.

Das Schicksal eines 28-jährigen Mannes, Mohamed, betrübte mich am meisten. Er kam mit verkümmerten Armen und Beinen zur Welt und konnte sich nur auf dem Boden robbend vorwärtsbewegen. Geistig machte er einen aufgeweckten Eindruck. Durch seine Behinderung war er regelrecht an das Dorf gefesselt, das er seit seiner Geburt noch nie verlassen hatte. Morgens wurde er vor seine Hütte gesetzt, abends wieder hereingeholt. Er konnte nicht zur Schule gehen, und niemand hatte ihn unterrichtet. Er saß im wahrsten Sinne des Wortes sein Leben ab und durfte lediglich bei der Essensvorbereitung helfen.

Jedes Mal, wenn ich vorbeilief, verwickelte er mich in ein Gespräch. Er hätte so gern sein Dorf verlassen, das Meer gesehen. Er glaubte, mit einem Rollstuhl wäre dies möglich. Sein indirektes Ansuchen beschämte mich. Ich geriet in einen Zwiespalt zwischen meinem Verstand und meinen Gefühlen: Einerseits irritierte mich seine unmissverständliche Erwartung, die er in mich setzte, andererseits empfand ich echtes Mitleid mit ihm. Ich begann, Umwege um seine Hütte zu machen, machte mir Vorwürfe, weil ich das Ansinnen, das er an mich gestellt hatte, als ungebührlich erachtete, und zugleich fühlte ich mich verpflichtet, ihm zu helfen. Diesem inneren Zwiespalt wollte ich entkommen.

Ich verstehe heute sehr gut, warum man Armut, Krankheit und vom Schicksal gebeutelten Menschen gern aus dem Weg geht. Es tut weh hinzuschauen, und es trübt das eigene Weltbild. Gerade habe ich den Kauf eines Rollstuhls in Auftrag gegeben, ob aus schlechtem Gewissen oder aus dem Wunsch heraus zu helfen, ist schwer zu sagen. Es wäre einfach nur schön, wenn Mohamed seine Träume umsetzen könnte.

Durch den ungewohnten täglichen Fußmarsch von 20 bis 30 Kilometern in Flip-Flops hatte ich mir Blasen gelaufen. Durch Schmutz, Feuchtigkeit und eingeschränkte Hygiene werden im Busch aus kleinen Wunden riesige, eitrige Krater. Ich war geschockt, wie wenig mein Körper sich selbst zu helfen weiss. Wunden, die zu Hause in wenigen Stunden heilten, wuchsen sich da zu größeren Problemen aus. Trotz täglicher Desinfektion wurden die Wunden großflächig und heilten nicht. Ich wurde zum Anziehungspunkt für alle Arten von Insekten. Meine umfangreiche Reiseapotheke kam nun zum Einsatz. Dreimal täglich hantierte ich an meinen Füßen herum, begleitet von den interessierten und auch besorgten Blicken der Dorfbewohner. Innerhalb kürzester Zeit saßen morgens und abends zehn bis zwölf weitere kleine und große Patienten vor meiner Hütte, die mir ihre Wunden, Verbrennungen, Stiche und Geschwüre zeigten. Ich wusch ihre Wunden aus, verband, salbte ein, tröstete.

Meine Blasen hatten sie veranlasst, mir auch ihre Verwundungen zu zeigen. Bisher hatte ich nicht bemerkt, dass so viele Dorfbewohner Verbrennungen, Schnittwunden, Narben, Wucherungen und Geschwüre hatten. Ich zog Pendeza und Chibiriti zurate, doch sie zuckten nur mit den Schultern und überließen mir die Verarztung. Unsere Hütte wurde nun auch zur Krankenstation.

Als Saumu, Pendezas und Chibiritis Tochter, ein paar Tage später von der Schule nach Hause humpelte, war ich beunruhigt. Niemand beachtete ihre merkwürdige Art zu gehen. Mir aber fiel ein dicker Eiterklumpen unter ihrer rechten Ferse auf, das musste höllisch wehtun! Ich machte die anderen darauf aufmerksam. Chibiriti nahm kurzerhand ein Messer, und, ohne es zu desinfizieren, schnitt er den Eiterklumpen auf und verteilte beim Ausquetschen das Sekret in alle Himmelsrichtungen. Saumu schrie vor Schmerz, weinte und flehte, er solle aufhören. Doch er machte weiter, Rücksichtnahme kennt man im Busch nicht. Da hatte ich eine »Patientin« mehr zu verarzten! Täglich kochte ich nun Dutzende von Binden aus, um Saumu die Verbände ständig zu wechseln.

Als ich Tage später von hohem Fieber geschüttelt wurde, das auch mit den landesüblichen Kräuterumschlägen nicht zurückging, beschloss Baraka, ich müsse zu einer Kontrolle in die Klinik. Ich nahm vier Kinder mit, denn auch ihre Wunden bereiteten mir Sorgen. Wir wurden in eine »Privatklinik« gefahren, die mit unseren westlichen Vorstellungen nichts gemein hatte. Wir landeten in einem schmutzigen »Schuppen«, in dem der einzige Hinweis auf eine medizinische Einrichtung die weiß gekleideten Menschen waren. Es wurde uns allen Blut abgenommen, unsere Entzündungswerte waren stark erhöht. Wir wurden um umgerechnet 150 Euro erleichtert und mit viel Verbandszeug, Beta Isadona, Antibiotika und der Empfehlung, das Bett zu hüten, nach Hause geschickt. In drei bis vier Tagen sollten wir wiederkommen.

Das Antibiotikum schlug bei den Kindern an, bei mir leider nicht. Mein Fieber stieg, die Entzündungen an den Füßen verschlimmerten sich. Mein Zustand bereitete allen Sorgen, ich musste stationär im Krankenhaus behandelt werden. Mir wurde mulmig zumute – allein in einem kenianischen Krankenhaus! Plötzlich fühlte ich mich verloren und schutzbedürftig. Panische Angst ergriff mich, dass die Entzündung, die ich wochenlang nicht ernst genommen hatte, nun schlimme Folgen haben könnte. Ich sehnte mich so sehr nach meiner Familie, meinen Freunden. Doch niemand war da … außer Baraka, der nicht von meiner Seite wich.

Wie schön, wenn jemand Verantwortung für einen übernimmt. Nach zwei Tagen, die ich fast immer schlafend verbrachte, sank das Fieber, und ich wurde aus dem Krankenhaus entlassen. Ich beschloss, mich für weitere zwei Tage in einem Hotel einzuquartieren, damit meine Wunden sich vor meiner Abreise schließen konnten. Zurückgeblieben sind drei Narben, die mich immer an dieses afrikanische Abenteuer erinnern werden, und die Dankbarkeit, nicht in der Dritten Welt geboren zu sein!

Was bleibt: Schicksale, Krankheit, Geburt und Tod gehören zum Leben

Mindestens dreißig Jahre meines Lebens schämte ich mich für meine Herkunft, meine Lebensgeschichte. Ich glaubte, ich sei die Einzige, die Zweifel, Ängste, und einen schweren Lebensstart hatte. Alle um mich herum schienen viel ausgeglichener und glücklicher zu sein, als ich es je war.

In einer meiner letzten Arbeitsstellen hatte ich eine Kollegin, die mir gleichgestellt war. Sie betreute Mitarbeiter und Kunden im Norden und ich im Süden Deutschlands. Wir verstanden uns sehr gut, und sie war mir oft eine große Hilfe und ein Vorbild im Hinblick auf Mitarbeiterführung und Organisation. Als ich sie einmal in einem vertraulichen Gespräch fragte, ob sie nicht auch manchmal Angst habe, den Job und alles was damit zusammenhänge nicht zu schaffen, schaute sie mich irritiert an. Verachtung, und Ablehnung spiegelten sich in ihrem Gesicht. Sie erwiderte, wenn ich so denken würde, sei ich wahrscheinlich in meinem Job überfordert. Diese Antwort veränderte unsere Beziehung. Ich zog mich zurück und war noch mehr davon überzeugt, dass sich nur mir solche Gedanken aufdrängten.

Heute, dreizehn Jahre später und Hunderte Klienten entfernt, weiß ich, dass dies nicht stimmt, denn jeder hat sein Päckchen zu tragen, hat etwas, das ihn belastet, macht im Laufe seines Lebens auch bittere Erfahrungen und muss Herausforderungen aller Art meistern. Nicht ohne Grund heißt es: »Unter jedem Dach ist ein ›Ach‹!« Und wer sich selbst kennenlernt, immer neue Veränderungen eingeht, bewegt sich auf dünnem Eis …

Ein Leben, das rund verläuft, gibt es weder in Westeuropa noch in Afrika! Das Leben ist eine Achterbahnfahrt: Verlust, Trauer, Krankheiten, Niederlagen sind die Talfahrt – Liebe, Erfolg, Glück, Freude, Siege die Höhenflüge. Ein stetiger Wechsel, ohne Schatten kein Licht, ohne Tag keine Nacht, ohne Liebe kein Hass.

Wenn ich in meinem Haus auf Mallorca bin, ist es für mich selbstverständlich, dass täglich die Sonne scheint. Doch zurück in Zürich oder Deutschland erlebe ich, dass es keineswegs selbstverständlich ist. Ich brauche also das schlechte Wetter, um das Gute würdigen zu können. Dankbarkeit entsteht aus bewusster Wahrnehmung.

Alle Glücksforscher der Welt sind sich einig: Glück und Zufriedenheit haben sehr wenig mit materiellem Gut zu tun. Es geht immer um den sozialen Kontext, wie sehr man eingebunden ist in eine Gemeinschaft, wie man zu sich selbst steht, die sogenannte Selbstliebe praktiziert, und wie man seine eigene Lebensgeschichte schreibt.

In allen Niederlagen, Herausforderungen und Rückschlägen kann die Chance für einen Neuanfang stecken. Selbst in schweren Zeiten können wir Kraft schöpfen. Doch dazu müssen wir lernen, uns selbst zu vertrauen, unsere inneren Kräfte freizusetzen, Gefühle zuzulassen, Trauer zu akzeptieren – lauter Ventile, um psychischen Druck abzulassen. Nicht selten unterdrücken oder verbergen wir unsere Gefühle. Machen Sie sich bewusst, dass sie damit sich selbst ablehnen, denn Gefühle sind Ausdruck ihrer Persönlichkeit, ihrer inneren Welt.

Eines meiner Lieblingsgedichte ist »Das Gasthaus« von Rumi, einem Sufi-Dichter aus dem 13. Jahrhundert. Es vergeht kein Vortrag, kein Seminar, kein Gespräch, in dem ich es nicht zum Besten gebe. Es bringt die Idee zum Ausdruck, dass wir alle Gastgeber für unsere Gedanken und Gefühle sind. Wenn ich ein Gasthaus habe, empfange ich alle Gäste gleich freundlich und liebevoll – unabhängig davon, ob meine Gäste meine Freundlichkeit erwidern oder nicht. Würden wir die unangenehmen Gäste, die Sorgen, Ängste, Trauer und Wut in sich tragen, ebenso herzlich empfangen wie die fröhlichen, herzlichen? Diese Art von Gefühlen wollen wir eigentlich gar nicht beherbergen, sondern schnellstens wieder loswerden. Die stressvollen Gefühle möchten uns auf die Gedanken, Hintergründe und Ursachen aufmerksam machen, die diesen zugrunde liegen. Eigentlich sind diese Gefühle Geschenke, um uns besser zu verstehen, unsere Gedanken- und Gefühlswelt besser nachzuvollziehen.

Das Gasthaus
Das menschliche Dasein ist ein Gasthaus.
Jeden Morgen ein neuer Gast.
Freude, Depression und Niedertracht –
auch ein kurzer Moment von Achtsamkeit
kommt als unverhoffter Besucher.
Begrüße und bewirte sie alle!
Selbst wenn es eine Schar von Sorgen ist,
die gewaltsam Dein Haus
seiner Möbel entledigt,
selbst dann behandle jeden Gast ehrenvoll.
Vielleicht bereitet er dich vor

auf ganz neue Freuden.
Dem dunklen Gedanken, der Scham, der Bosheit –
begegne ihnen lachend an der Tür
und lade sie zu Dir ein.
Sei dankbar für jeden, der kommt,
denn alle sind zu Deiner Führung
geschickt worden aus einer anderen Welt.

RUMI

Wie Rumi heiße ich alle meine Gefühle herzlich willkommen und versuche, ihnen auf den Grund zu gehen – allein oder mit Unterstützung fachkundiger Coachs oder Therapeuten.

Und Sie? Gehören Sie zu denjenigen, die ihre Gäste bereits an der Tür abwimmeln oder nach wenigen Minuten die Tür weisen? Noch schlimmer ist es, wenn wir uns für unsere Gefühle auch noch verachten. Damit schlagen wir im übertragenen Sinne auf den am Boden Liegenden ein.

Das Leben ist mit Unerwartetem und Unbequemem gespickt. Mit jedem Missgeschick oder unheilvollen Ereignis werden wir unweigerlich herausgefordert, unser Leben neu zu betrachten, zu prüfen, neu zu ordnen oder aber auch daran zugrunde zu gehen. Wir alle sind die Hauptakteure und zugleich die Erzähler und Regisseure unserer Lebensgeschichte. Wir schreiben diese Geschichte, wir spielen, und erzählen sie.

Treffend hat Shakespeare geschrieben:

Die ganze Welt ist eine Bühne
Und alle Frauen und Männer bloße Spieler
Sie treten auf und gehen wieder ab.
Sein Leben lang spielt einer manche Rollen.

Nach Schicksalsschlägen blockieren oder verdrängen viele Menschen ihre Gefühle. Das Bewusstsein scheint sich regelrecht gegen die Realität abzuschirmen, erst nach einer gewissen Zeit gibt es eine Entladung. Körper, Geist und Seele müssen bereit sein, diese Erschütterung zu verarbeiten.

Wut, Trauer, Schmerz und Angst sind völlig normale Empfindungen. Wer sie nicht äußert, wird über kurz oder lang körperlich leiden und psychosomatische Störungen, vor allem im Kopf-Herz- und Magen-Darm-Bereich entwickeln. Verzweiflung, Wut und Resignation sind auf Dauer Energiezerstörer, wenn man sie nicht offenbart.

Verdrängung und stilles Leiden hemmen die eigene Genesung. Auch die Flucht in den Alkohol, sportliche Überaktivität, ungezügeltes Essen, Drogenkonsum und Medikamentenmissbrauch unterdrücken nicht die Gefühle, machen nicht das Geschehene rückgängig. Erlebtes hält sich hartnäckig wie ein Marker in Gehirn und Körper. Krisen werden gemeistert, wenn wir die Realität akzeptieren, unsere Gefühle in Kraft für einen Neuanfang investieren, neue Wege beschreiten.

Sie, liebe Leser, schreiben täglich an ihrer eigenen Geschichte. Dabei spielt es eine riesengroße Rolle, wie sie sich als Hauptdarsteller Ihres Lebens porträtieren, wie Sie sich selbst wahrnehmen. Ihre Wahrnehmung entscheidet am Ende, wie es um Ihr seelisches Wohlergehen und Ihre Zufriedenheit bestellt ist.

Welcher Typ Mensch sind Sie? Der Typ, der die Kontrolle über das eigene Leben ausübt, die Höhen und Tiefen mit Bravour meistert, oder der Typ, der den Launen des Schicksals ausgeliefert ist und dessen Lebensgeschichte wie fremdbestimmt ist?

Stellen Sie sich vor, sie sitzen in einem kleinen Boot auf dem offenen Meer. Die Fahrt bei schönem, ruhigem Wetter ist für beide Ausrichtungen wunderbar, doch was passiert, wenn das Wetter umschlägt? Ein Gewitter aufzieht? Ein Sturmtief kommt? Sind Sie in der Lage, ihre Nussschale durch die raue See zu navigieren, oder müssen Sie sich auf den lieben Gott oder wen auch immer verlassen, um gerettet zu werden?

In allen Lebensgeschichten, in denen es um das Ringen mit Schwierigkeiten geht, bestimmt die Art und Weise unseres Handelns, wie unsere Geschichte am Ende ausgeht, und wie glücklich und zufrieden wir sind. Selbstwirksamkeit ist der Hauptschlüssel zum Ziel.

Werden Sie aktiv! Wenn Sie in einer Krise stecken, vertrauen Sie sich einem Freund an, lassen Sie sich von einem Experten helfen. Gehen Sie aus sich heraus, sprechen Sie über Erlebtes. Suchen Sie nach Aufgaben, mit denen Sie anderen und sich selbst helfen können. Schreiben Sie ihre Erlebnisse auf, suchen Sie sich neue Betätigungsfelder.

Die Glücksforscher haben zehn Regeln zur seelischen Gesundheit aufgestellt:

1. Denken Sie positiv, jede Herausforderung hat auch eine positive Betrachtungsmöglichkeit. Was einem zunächst als Katastrophe erscheint, kann sich im Rückblick als absoluter Glücksfall enthüllen.
2. Schätzen Sie die Menschen, die Sie lieben und die Ihnen Liebe entgegenbringen. Die Kraft und Macht der sozialen Beziehungen ist größer, als wir ermessen können.
3. Lernen Sie, solange Sie leben. Mit jeder neu erworbenen Erkenntnis lernen wir uns neu kennen.

4. Machen Sie Fehler und lernen Sie aus ihnen! Viele große Erfindungen sind aus Fehlern entstanden. Unser Gehirn lernt wesentlich mehr aus Niederlagen als aus Erfolgen.

5. Bewegen Sie sich jeden Tag in der Natur, spüren Sie sich.

6. Machen Sie sich das Leben nicht unnötig kompliziert. Viele glauben, dass Lösungen für unsere Probleme komplex sein müssen. Es gibt auch einfache Wege, um Probleme zu lösen. Sprechen und Mitteilen hilft!

7. Versuchen Sie, die Menschen in Ihrem Umfeld zu verstehen und zu ermutigen. Jeder hat sein Päckchen zu tragen. Ergründen Sie, was sich im Päckchen Ihrer Mitmenschen befindet, begegnen sie anderen mit Wertschätzung und Achtung. Der Glaube an den anderen kann Berge versetzen.

8. Geben Sie niemals auf. Das Leben ist kein kurzfristiger Sprint, sondern ein gewaltiger Marathon mit Höhen und Tiefen, Enttäuschungen und Hoffnungen, leichten und schweren Abschnitten. Am Ende siegt, wer immer an sich geglaubt, und sich durchgebissen hat.

9. Entdecken und entfalten Sie Ihre Talente. Sich selbst in seiner Einzigartigkeit zu betrachten und die eigenen Fähigkeiten auszuleben, fördert die Lebensqualität.

10. Setzen Sie sich Ziele und lassen Sie sich nie von Ihren Träumen abbringen. Sie allein sind der Gestalter Ihres Lebens!

Und hier die wichtigsten Schlüssel zu einem zufriedenen Leben:

• Machen Sie sich bewusst, dass schmerzhafte und schlimme Erfahrungen Ihnen die Chance geben innezuhalten und die Geschichte ihres Lebens neu zu schreiben. Jeder Tag birgt die Chance eines Neubeginns.

- Führen Sie sich vor Augen, dass Sie gleichzeitig Hauptperson, Regisseur und Erzähler ihrer eigenen Lebensgeschichte sind. Sie allein entscheiden, welche Bedeutung Sie den Geschehnissen geben und wie diese Ihr weiteres Leben beeinflussen werden.

- Es ist nicht das »einfache« Leben, das uns glücklich macht. Es kommt einzig und allein auf unsere Haltung gegenüber Herausforderungen und Schwierigkeiten an, und darauf, wie wir mit diesen umgehen.

- Beherzigen Sie diese zehn Regeln der seelischen Gesundheit!

ABSCHIED NEHMEN

Zeit, sich zu trennen

Das Leben ist wie eine Zugfahrt
mit all den Haltestellen, Umwegen und Unglücken.
Wir steigen ein, treffen unsere Eltern und denken,
dass sie immer mit uns reisen,
aber an irgendeiner Haltestelle werden
sie aussteigen und wir müssen
unsere Reise ohne sie fortsetzen.
Doch es werden viele Passagiere in den Zug steigen,
unsere Geschwister, Cousins, Freunde,
sogar die Liebe unseres Lebens.
Viele werden aussteigen und eine
große Leere hinterlassen.
Bei anderen werden wir gar nicht
merken, dass sie ausgestiegen sind.
Es ist eine Reise voller Freuden, Leid,
Begrüßungen und Abschied.
Der Erfolg besteht darin:
Zu jedem eine gute Beziehung zu haben.
Das große Rätsel ist:

Wir wissen nie, an welcher Haltestelle
wir aussteigen müssen.
Deshalb müssen wir leben, lieben, verzeihen
und immer das Beste geben!
Denn wenn der Moment gekommen ist,
wo wir aussteigen müssen und unser Platz leer ist,
sollen nur schöne Gedanken an uns bleiben und
für immer im Zug des Lebens weiter reisen.

VERFASSER UNBEKANNT

Die Zeit flog nur so dahin, es gab immer etwas zu tun, und plötzlich stand meine Rückreise bevor. Mein »Ausflug zu den Mijikendas« würde bald enden.

Ich hatte viel Neues erlebt, und die Zeit war für mich sehr schnell vergangen. Da es kein Organ für die Zeitwahrnehmung gibt, lässt sich unser Zeitgefühl leicht manipulieren. Das menschliche Gehirn misst Zeit an Ereignissen und Bewegungen. Das erlaubt uns, zum Regisseur unseres Zeiterlebens zu werden. Es gibt fünf Faktoren, die darüber bestimmen, wie wir ein Erlebnis aus dem Moment heraus einordnen. Darüber hinaus ist es relevant, ob wir aus dem Jetzt oder aus der Erinnerung heraus beurteilen.

1. Je angenehmer wir eine Erfahrung einstufen, umso schneller vergeht die Zeit.
2. Je größer der Grad der Dringlichkeit ist, umso schneller oder langsamer nehmen wir das subjektive »Vergehen« der Zeit wahr. Sehnen wir uns nach einem bestimmten Datum in der Ferne, beispielsweise nach dem Urlaubsbeginn, so zieht sich dieser endlos in die Länge. Haben

wir einen Abgabetermin, so vergeht die Zeit wie im Fluge. Je dringender man einer Lösung oder einem Ereignis entgegensieht, umso langsamer vergeht die Zeit.

3. Je aktiver wir sind, umso schneller läuft die Zeit. Nehmen wir hingegen monotone Aufgaben wahr oder starren wir ohne jegliche Motivation ins Leere, wird das Zeitempfinden umso langsamer sein. Der Grad der Aktivität beeinflusst unsere Zeitwahrnehmung.

4. Abwechslung lässt die Zeit verfliegen. Je unterschiedlicher unsere Aufgaben sind, umso schneller geht die Zeit vorüber. Mangel an Abwechslung verursacht Langeweile, und diese verlangsamt unsere subjektive Zeitwahrnehmung.

5. Beschäftigen wir uns beispielsweise mit Aufgaben, die unsere rechte Gehirnhälfte (Kreativität, Fantasie, Gefühle) beanspruchen, so verlieren wir das Gefühl für Raum und Zeit. Man nennt dieses Phänomen, das man bei Kindern beobachten kann, die in ihr Spiel vertieft sind, »Flow«. Damit ist das als beglückend erlebte Gefühl der völligen Vertiefung in eine Tätigkeit gemeint.

Die subjektive Zeitwahrnehmung ist eine paradoxe Angelegenheit. Wenn man im Leben wenig erlebt hat, fühlt es sich im Rückblick an, als sei die Zeit besonders schnell vergangen. Wenn man hingegen ein Geschehen als besonders intensiv erlebt hat, wird es, aus der Erinnerung betrachtet, genau umgekehrt wahrgenommen. Das Zeitempfinden wird ins Gegenteil verkehrt, man nimmt das Erlebnis als zeitlich sehr ausgedehnt wahr. In einem solchen Fall unterscheidet man zwischen dem erlebenden und dem erinnernden Selbst.

Alle fünf Faktoren des erlebenden Selbst waren bei meinem Aufenthalt im kenianischen Busch im Spiel. Nach anfänglichen Schwierigkeiten hatte ich mich gut eingelebt und angepasst. Ich fühlte mich wohl, mein »Experiment« war zeitlich begrenzt, und aus verschiedenen Gründen empfand ich eine gewisse Furcht vor dessen Ende. Ich war die ganze Zeit sehr aktiv gewesen, hatte an die zwanzig Kilometer täglich joggend und zu Fuß zurückgelegt, hatte viel Abwechslung erlebt und Einblick in die Alltagsprobleme der Mijikendas gewonnen. Und ich hatte mich jeden Tag mehrere Stunden mit den Kindern befasst, mit ihnen gemalt, gebastelt, getanzt und gesungen. Also kein Wunder, dass die Zeit wie im Fluge vergangen war.

Nun war es also Zeit, Abschied zu nehmen. Ich fing an, mir Gedanken zu machen, was ich gern sowohl in materieller als auch in psychischer Hinsicht zurücklassen würde. Da ich mich noch zwei Wochen im Land aufhalten wollte, überlegte ich, welche meiner Sachen ich den Dorfbewohnern überlassen wollte. Schon lange hatte ich beschlossen, die beiden Solaranlagen, die ich von meinen Sponsoren erhalten hatte zurückzulassen. Doch wie sollte die Dorfgemeinschaft sie am effizientesten nutzen? Ich hatte beobachtet, dass viele Menschen ihre Handys ins nächste Dorf, sechs Kilometer entfernt, brachten, um sie dort gegen ein geringes Entgelt aufladen zu lassen.

Ich könnte doch mit den leistungsstarken Geräten, mit denen ich zwei Handys, meinen Computer und die Taschenlampe mit Strom gespeist hatte, einen ähnlichen Service bieten. Ich besprach meine Idee mit Rama und Mama Pendeza. Beide waren begeistert über die zusätzliche Einnahmequelle. Wir setzten uns zusammen und entwickelten einen Businessplan für das Laden von gleichzeitig vier Geräten in der Stunde. Wir überlegten, wie wir auf diesen Service aufmerksam machen konnten, fuhren ins nächste Dorf und kauften Materialien, um Schilder anzufertigen, die im Umkreis von fünfhundert Metern auf den Service hinweisen sollten. Wir ersannen den Slogan »Charge your phone at Ramas Home« und brachten zehn Plakate auf dem Weg zum Dorf an. Wir waren Stunden damit beschäftigt, die Plakate zu zeichnen und die richtigen Stellen zum Aufhängen zu finden. Wir hatten einen Riesenspaß dabei, und alle packten engagiert an.

Auch meine Wasseraufbereitungsanlage ließ ich im Dorf zurück, damit meine Hüttenmitbewohner vor allem die Qualität des Trinkwassers verbessern konnten. Meine selbst geschneiderten Kleider verschenkte ich an die Frauen, die sie so sehr bewundert hatten. Die Reste meiner Hausapotheke gab ich Rama, damit er sie bei Bedarf einsetzte. Ich spürte, wie mich tiefe Traurigkeit überkam. Auch meine Mitbewohner schienen meine bevorstehende Abreise zu bedauern. Wir versuchten, die letzten Tage und Nächte in die Länge zu ziehen, indem wir alle zusammen auf dem »Malplatz« lagen, einem von Peter gespendeten Betonfundament, das später der Unterbau für einen großen Wassertank sein sollte. Zum Tank kam es aber leider nie … Doch ich habe es im Gedächtnis behalten und werde versuchen, diesen Tank eines Tages zu realisieren, um meiner Gastfamilie mehr Unabhängigkeit und eine zusätzliche Einnahmequelle zu sichern.

Wir lagen eng nebeneinander, blickten in den Sternenhimmel und ließen die Höhepunkte unseres Zusammenseins Revue passieren. Es war, als wollten wir die Zeit anhalten. Täglich kamen viele Besucher vorbei, die ich im Laufe der Zeit kennengelernt hatte, um sich zu verabschieden. Mit den Frauen des Frauennetzwerks durfte ich noch dreimal arbeiten und ihnen meine Thesen der Selbstwirksamkeit mit auf den Weg geben. Pendezas Geschwister, die mich liebevoll willkommen geheißen hatten, kamen auch vorbei. Alle brachten Geschenke, Blumen, Essen, Gebasteltes und Bilder mit.

Der letzte gemeinsame Tag wurde zu einem Abschiedsfest gestaltet. Wir kochten zusammen – die Mijikendas bereiteten ihre traditionellen Gerichte zu und schlachteten sogar eine Ziege, und ich trug meine berühmten Spaghetti alla napoletana auf –, und zum Dessert gab es reichlich Schokolade. Wir aßen im Kreis auf dem Boden sitzend, holten die Musikinstrumente aus der Hütte, sangen und tanzten.

Ich hielt noch zwei Überraschungen bereit. Meine PR-Agentur hatte während meines Aufenthalts zwei Sponsoren gewonnen, die uns Flip-Flops und Spielsachen nach Kenia schickten. Die Pakete waren lange unterwegs, und auf dem Weg in den Busch hatten sich Langfinger kräftig bedient. Dennoch war ich sehr froh, dass ein paar Restbestände noch vor meiner Rückkehr den Weg in den Busch gefunden hatten und ich mich für die freundliche Aufnahme im Dorf erkenntlich zeigen konnte.

Um der Übergabe dieses Geschenks einen festlichen Rahmen zu verleihen, bat ich Rama, das Märchen von Aschenputtel zu erzählen, das wir dann nachspielen würden. Ich holte die Flip-Flops in den unterschiedlichsten Größen und Farben hervor und wir ließ sie anprobieren. Nur wenn sie wie angegossen passten, durften die Dorfbewohner die Schuhe und den dazugehörigen Aufbewahrungsbeutel behalten. Ähnlich wie im Märchen versuchten sie, sich in die Schuhe zu zwängen, zogen die Zehen ein oder versuchten, die Füße zu dehnen. Einige rissen mir die Schuhe aus der Hand und rannten damit los, bis sie von den anderen abgefangen und zurückgeholt wurden. Wir lachten Tränen über die kreativen Täuschungsmanöver. Am Schluss hatten 52 Dorfbewohner neue Flip-Flops. Wir waren über eine Stunde damit beschäftigt gewesen, die passenden Füße zu den Flip-Flops zu finden. Diejenige, die welche ergattert hatten, strahlten um die Wette, führten sie sich gegenseitig vor, posierten wie auf einem Laufsteg, verglichen Größen und Farben, tauschten, hüpften, rannten und tanzten damit. Wie wenig es doch braucht, um andere glücklich zu machen!

Mit der Verteilung des Spielzeugs war es etwas schwieriger, weil wir nur eine beschränkte Anzahl zur Verfügung hatten. Ich erörterte das Problem vorher mit Rama, und wir entschieden, sie nach Alter aufzuteilen. Ich packte nach Alter geordnete Spielzeugkisten, und Rama teilte die Kinder nach Alter in Gruppen ein. Wir zeigten die Kisten, erklärten die Regeln, und die Kinder fielen über die ungewöhnlichen Geschenke her und spielten stundenlang damit. Die Spielregeln dieses System hatten sich bewährt, und Rama befolgt sie heute noch als »Hüter« der Spielsachen.

Doch die größte Überraschung hatte ich für ein paar Tage später geplant. Ich wollte noch ein paar Tage im Land bleiben, um mir die Sehenswürdigkeiten anzusehen und um mich vor meiner Rückkehr nach Europa langsam wieder an ein Leben in der Zivilisation zu gewöhnen. Ich wollte am nächsten Tag zu einer viertägigen Safari aufbrechen, danach hatte ich für zwei Tage ein herrliches Strandhaus gemietet und wollte alle Kinder einladen, mich dort zu besuchen, um zum ersten Mal das Meer zu sehen und darin zu baden. Anschließend wollte ich weitere zehn Tage in einem Baumhaushotel verbringen. Als ich mit Ramas Hilfe dies verkündete, warfen sich mir die Kinder an den Hals, stellten mir unzählige Fragen, plapperten drauflos und hüpften wie Flummis durch das Dorf. An Schlaf war für viele in dieser Nacht nicht zu denken, die Aufregung war groß. Es war also noch kein Abschied für immer. Als ich am nächsten Morgen meine Habseligkeiten im Safari-Bus verstaute, wussten wir, dass wir uns in fünf Tagen wiedersehen würden.

Die nächsten vier Tage vergingen wie im Rausch. Wir schauten uns die Nationalparks Maasai Mara, Ambroseli und Tsavo West an. Julius, mein Guide, las mir jeden Wunsch von den Augen ab. Wir fuhren kreuz und quer durch dieses wundervolle Land, dessen abwechslungsreiche Natur und mannigfaltige Gepflogenheiten er mir näherbrachte. Wir aßen, bis uns die Bäuche wehtaten. Wir sahen die Big Five und die Little Five, und ich genoss den Luxus eines echten Betts, einer Dusche, der Musik, des elektrischen Stroms und vor allem die Stunden des Alleinseins. Erst da realisierte ich, dass ich Letzteres vermisst hatte. Bis in die Nacht zu lesen, Dinge zu tun, zu denen ich gerade Lust hatte. Alles bislang Gewohnte hatte nun einen ganz besonderen Zauber!

Am zweiten Abend ging ich erst sehr spät zum Abendessen. Das Restaurant befand sich an einem beleuchteten Wasserloch. Mein Tisch stand unmittelbar daneben. Ich aß und trank zusammen mit Elefanten, Affen, Pumas und anderen lustigen Gesellen aus der Tierwelt. Plötzlich fingen die Affen an zu schreien, und die Elefanten trompeteten aufgeregt. Gefahr zog wohl herauf. Der Elefantenbulle löste sich aus der Gruppe und lief auf eine Löwin mit ihren vier Jungen zu. Es schien eine Übereinkunft zu geben: Sie durften am Wasserloch trinken, sollten dann aber schnell weiterziehen. Als ich zu meinem Zelt zurückging, sah ich, dass die Löwin hinter dem Zaun vor meinem Zelt ihr Nachtlager aufgeschlagen hatte. Fasziniert schaute ich ihr und ihrem Nachwuchs beim Toben zu.

In Massai Mara begegnete mir John, ein junger, edel aussehender Massai, der mir die Kultur und Lebensweise seiner Volksgruppe näherbrachte. Ich durfte mit ihm auf »Walking Safari«. Nur mit einem Dolch ausgerüstet landeten wir zwischen Giraffen und Zebras. Es war beeindruckend und unvergesslich. Ich erfuhr so viel über die ethnische Identität und die Organisation des nomadischen Lebens der Massai, dass ich beschloss, John nochmals zu treffen. Er sollte mich später im Hotel besuchen und mir mehr über sein Leben erzählen.

Zurück in Kilifi half mir Julius, den Tag mit den Kindern vorzubereiten. Wir kauften in einem richtigen Supermarkt ein. Nach so langem »Angebotsentzug« konnte ich mich an der Vielfalt der Waren nicht sattsehen. Unser Einkauf dauerte mehr als zwei Stunden, weil ich alles anschauen, anfassen und testen wollte. Ich kaufte Würstchen, Käse, Eier, Nutella, Süßigkeiten, Spielsachen, Wasserbälle, Seile, Obst und Kuchen. Julius holte die Kinder am nächsten Morgen ab, während ich ein üppiges Frühstücksbüfett mit Muffins, Pancakes, Eierspeisen, Wurst, Käse und Cornflakes vorbereitete.

Wir hatten die Anzahl der Kinder auf dreißig reduziert, was kein Problem war, da einige die Schulferien in anderen Dörfern verbrachten. In Begleitung von Rama und Julius kamen mir die Kinder zurückhaltend und langsam am Strandhaus entgegen. Zur Feier dieses besonderen Tages trugen sie ihre schönste Kleidung, waren frisch gewaschen, und die Mädchen hatten sich sogar geschminkt. Sie gingen durch das Haus, waren fasziniert von den Möbeln, den Schlafzimmern, dem Meerblick und vor allem von den sanitären Anlagen. Sie waren von den Waschbecken, Duschen und Toiletten kaum zu lösen. Sie spielten mit dem Wasser und waren fasziniert, es aus einem Wasserhahn fließen zu sehen. Ich musste ihnen vorführen, wie man die Toilette benutzte. Der Herd, der ohne Feuer funktionierte, und der Kühlschrank, der wie durch Zauberhand die Dinge kühlte, fesselten ebenfalls ihre Aufmerksamkeit. Für sie war es, als seien sie in einer Märchenwelt gelandet. Und obwohl es Sitzgelegenheiten für jeden gab, saßen alle auf dem Boden. Auffallend war, dass die kleinen Draufgänger, vor allem Pendezas Kinder, sehr ruhig und eingeschüchtert wirkten. Sie mussten die neuen Gegebenheiten erst einmal verarbeiten. Ohne mir dessen bewusst zu sein, hatte ich sie mit grundlegenden Veränderungen ihres bisherigen Weltbilds konfrontiert.

Auch mein Frühstücksbüfett schien sie zu erschlagen. Sie trauten sich nicht, von allem zu probieren und sich satt zu essen. Erst als Rama, Julius und ich es ihnen vormachten, probierten sie alles, und ihr Mienenspiel verriet, ob sie etwas mochten oder nicht. Würstchen, Nutella, heiße Schokolade oder Fanta mochten sie nicht, hingegen schmeckten ihnen Pancakes, Marmeladenbrote, Cornflakes und Eier sehr. Doch das, was sie nicht aßen, packten sie sorgfältig in die Servietten ein und nahmen es am Abend mitsamt den Plastiktellern, die ich gekauft hatte, mit nach Hause. Nach dem Frühstück gingen einige Kinder in den Garten, um ihr Geschäft zu erledigen, die Toilette kam ihnen wohl suspekt vor.

Nachdem wir uns satt gegessen hatten, gespült und aufgeräumt hatten, brachte uns Julius an einen der schönsten und flachsten Strandabschnitte der Kilifi Bay mit kilometerlangen, unberührten weißen Sandstränden. Erst im Nachhinein wurde mir bewusst, welche Verantwortung ich uns dreien mit dreißig Kindern, die nicht schwimmen konnten, aufgebürdet hatten.

Doch die Freude, die aus den Augen der Kinder strahlte, lässt mich heute noch schaudern. Zunächst standen alle wie festgewachsen da und genossen den ungewohnten Ausblick. Dann entledigten sie sich in Sekundenschnelle ihrer Kleider, wobei die Teenager ihre Unterwäsche anbehielten, und wir rannten alle zusammen um die Wette ins Meer. Sie hatten keinerlei Berührungsängste, und sogar die Eineinhalbjährigen liefen ins Meer, als hätten sie es schon immer gekannt. Wir schwammen, tauchten, hatten Spaß mit den Wasserbällen und Gummitieren, bauten Sandburgen, spielten Seilhüpfen, Sackhüpfen, machten Gymnastik, picknickten die Reste unseres Frühstücks und machten uns am Nachmittag erschöpft auf den Heimweg. Ich steckte sie noch alle unter die Außendusche, um das Meersalz abzuwaschen. Diese Aktion artete in eine lustige Wasserschlacht aus. Zum Abschluss gab es Pizza, vom Lieferservice – in Kilifi war man doch schon um einiges weiter, und jedes Kind bekam eine Überraschungstüte für zu Hause.

Erschöpft und vollgegessen stiegen wir in den Bus, der die Kinder ins Dorf zurückbringen sollte. Auf der einstündigen Heimfahrt nickten fast alle ein. Als wir im Dorf ankamen, ließ sich der endgültige Abschied nicht mehr aufschieben. Ich umarmte Rama, Pendeza und Chibiriti, schüttelte unzählige

Hände, wurde berührt und geküsst, spürte ihre Zuneigung und Dankbarkeit, aber auch ihre Traurigkeit.

Niedergedrückt stieg ich in den Safari-Bus. Als Julius den Motor startete, drehte ich mich um und winkte den Dorfbewohnern zu, während mir die Tränen mir über die Wangen rollten. Die Kinder rannten hinter dem Bus her, winkten, weinten und blieben plötzlich wie verloren stehen. Ich sah sie im Staub verschwinden. Ein herrlicher Tag und eine wunderschöne Reise zu mir selbst gingen zu Ende!

Das Geschenk der Freundschaft

Egal, wohin man geht, im kenianischen Busch wird man immer berührt, und man berührt andere. Auch das war mir vor Reisebeginn nicht bewusst gewesen. Ich war auf der Suche nach etwas Neuem, nach neuen Werten, nach Veränderung, doch auf meinem Wunschzettel stand nicht die Suche nach neuen Freunden.

Tagtäglich darf ich mich mit so vielen Menschen auf tiefster menschlicher Ebene austauschen. Wenn wir so sein dürfen und akzeptiert werden, wie wir sind, wenn wir mit unseren guten und weniger guten Seiten akzeptiert werden, wenn wir anderen unsere ungeteilte Aufmerksamkeit entgegenbringen, kann tiefe Freundschaft entstehen.

Meine Freundschaftsformel lautet: Interesse + Tiefe + Wertschätzung +Faktor Zeit + räumliche Nähe.

Baraka war sozusagen die Klammer, die meinen Afrika-Aufenthalt zusammenhielt. Ich lernte ihn bereits am ersten Tag im Hotel kennen und verabschiedete mich von ihm

an meinem letzten Tag in Kenia. Er war Begleiter und liebevoller Kümmerer meines gesamten kenianischen Abenteuers
und wachte über mein Wohlbefinden. Er ist ebenso wie ich
neugierig auf Menschen, Traditionen, Kulturen, auf das Leben. Ist es nicht spannend, dass wir im Ausland, symbolisch
unser Heimatland repräsentieren und für unser Gegenüber als
»role model« für das jeweilige Land stehen. Wahrscheinlich
ist weder er ein typischer Kenianer noch bin ich eine typische
Deutsche. Und doch glauben wir, über Menschen, deren Geschichten und Verhalten, Länder und Bräuche zu begreifen.
Unser erstes »Abtasten« war sehr intensiv. Ich wollte alles
über sein Leben, seine Familie, seinen Lebenslauf, seinen Alltag wissen, wollte das Leben in Kenia über ihn ergründen und
verstehen. Und ihm erging es genauso, er wollte das Leben in
Europa nachvollziehen können, in mein Leben und meinen
Alltag tauchen. Im Laufe der Zeit ließen wir uns gegenseitig
an unseren Schwächen, Kränkungen, Enttäuschungen, Niederlagen, und Ängsten teilhaben. Im Schnelldurchlauf erzählten
wir uns gegenseitig unsere Vergangenheit, unsere Herausforderungen, unsere Hindernisse und Glücksmomente. Wir telefonierten täglich miteinander. Über ihn lernte ich das Land,
die Traditionen, die politischen Strukturen, die Hintergründe
im menschlichen und sozialen Kontext viel besser kennen, als
wenn ich alles selbst in Erfahrung hätte bringen müssen.

Baraka war in einer ähnlichen Dorfstruktur aufgewachsen,
die ich nun besuchte, sodass er imstande war, meinen anfänglichen Frust über das Leben im Dorf zu verstehen. Unsere Gespräche waren mitunter hitzig, hoch emotional, und nicht selten lachten oder weinten wir Tränen. Ich weiss nicht, wie viele
Stunden wir am Telefon und Auge in Auge verbracht haben.

Im Hinblick auf zwei Bereiche hat er bewirkt, dass ich meine Meinung revidiert und mein Verhalten geändert habe.

Ich hatte eine sehr negative Einstellung zur Familienplanung in Kenia. Es leuchtete mir nicht ein, dass dauernd Kinder gezeugt würden, ohne Rücksicht darauf, ob man in der Lage sei, sie zu versorgen, sich angemessen um sie zu kümmern und ihnen Bildung zukommen zu lassen. Bildung ist für mich ein Garant für ein selbstwirksames Leben, für einen späteren Arbeitsplatz. Meines Erachtens macht es einfach keinen Sinn, im Jahrestakt ein Kind zu gebären. Im Gegensatz dazu wird in Deutschland zu viel über das Thema Elternschaft nachgedacht. Mit durchschnittlich 1,5 Kindern pro Frau liegt die Geburtenrate unter dem EU-Durchschnitt, während sie in Kenia bei 4,8 Kindern liegt. »Mein« Dorf im Busch trieb mit durchschnittlich 8 Kindern pro Frau die Statistik mächtig in die Höhe.

So einfach sei das Thema allerdings nicht, erklärte mir Baraka. Es müssten auch religiöse, traditionsbedingte, wirtschaftliche, soziale und menschliche Aspekte berücksichtigt werden. In vielen Religionen werde Verhütung mit Abtreibung und Eingriff in Gottes Plan gleichgesetzt. Zudem würden Politiker sowie religiöse und spirituelle Führer Verhütung verurteilen. Die Menschen seien verunsichert und hätten Angst, ausgestossen, gemieden und von Gott oder den Geistern bestraft zu werden. Vor allem junge Frauen würden gern verhüten, doch sie hätten weder die finanziellen Mittel noch den Zugang zu Kondomen und anderen Verhütungsmethoden. Dieser würde ihnen von der Politik und der Religion verwehrt, denn es würde sich vieles grundlegend verändern, wenn die Menschen selbstbestimmter lebten.

Kinderlose Frauen stehen in Afrika unter großem Druck, sie haben keinen Stellenwert als Frau und werden aus der Dorfgemeinschaft ausgegrenzt. Eine Frau wird erst als solche angesehen, wenn sie ihr erstes Kind geboren hat. Darum hat Kinderreichtum für die Frauen höchste Priorität. Besonders auf dem Land betrachten viele eine hohe Kinderanzahl als Zeichen von Reichtum. Je mehr Kinder man hat umso abgesicherter ist man im Alter.

Ein weiterer wichtiger Aspekt: Hobbys, Freizeitaktivitäten, Kompensationsmöglichkeiten wie bei uns gibt es im Busch nicht. Die Abende sind dunkel und ohne Fernsehen ganz schön öde. Zu erzählen hat man sich auch nicht so viel, da der Alltag immer die gleiche Struktur hat. Also bleibt als Aktivität, Genuss und Ablenkung häufig nur der Geschlechtsverkehr.

Durch diese Brille hatte ich Kinderreichtum noch nie betrachtet. Barakas Argumente leuchteten mir ein, und ich entwickelte Verständnis für diese Haltung.

Ein anderes Thema, das mich vor allem am Anfang wütend und traurig gemacht hatte, war, dass ich als »Melkkuh« betrachtet wurde. Beim Joggen, beim Einkaufen auf dem Markt, bei jeder anderen Gelegenheit wurde ich angebettelt, Fremde Menschen versuchten, mir auf plumpe Art und Weise Geld aus der Tasche zu ziehen oder mich reinzulegen. Und auch in dieser Beziehung gelang es Baraka, meine Sicht der Dinge zu ändern. Er erklärte mir, dass ich zu den 8 Prozent der Weltbevölkerung gehöre, die mit einem kostenlosen Bildungssystem, einem hervorragenden Gesundheitssystem und sozialer Absicherung wie Arbeitslosengeld und Sozialhilfe aufgewachsen seien. Dass ich nie unter Hunger zu leiden hatte, immer Kleidung und Schuhe hatte, immer in einem stabilen Haus schlafen durfte, das über

Strom-, Wasser-, Internetanschluss und sanitäre Anlagen verfügte. Ich gehöre zu den Privilegierten dieser Welt. Die Einheimischen im Busch wüssten auch ohne Fernseher und Internet, dass wir Weißen über hochwertige materielle Güter verfügen, wir uns Reisen und schöne Hotels leisten können, viel bessere Bildungsmöglichkeiten als sie haben und mehrere Sprachen beherrschen. Sie würden sich benachteiligt fühlen und automatisch davon ausgehen, dass wir all diese Privilegien »geschenkt« bekommen. Wir betrachten doch oft schon mit Neid das Auto und das Haus unseres Nachbarn. Man kann es also den Buschbewohner nicht verdenken, wenn ihre Gefühle angesichts dieser eklatanten Unterschiede, dieser sozialen Ungerechtigkeit in Aufruhr geraten. Baraka hatte recht, da könnte schon der Gedanke aufkommen, dass bei uns Geld auf den Bäumen wächst ...

Der intensive Austausch mit Baraka hat mich gelehrt, dass es immer ein Warum für eine Verhaltensweise gibt und dass es sich lohnt, über den Tellerrand zu schauen.

Auch mein Kontakt zu Rama war sehr intensiv. Er war täglich von morgens bis abends an meiner Seite, übersetzte meine Fragen, meine Wünsche, war meine Verbindung zu den anderen Dorfbewohnern und zur Kultur der Mijikendas. Auf unseren stundenlangen Spaziergängen brachte er mir sein Land, die Natur, die Traditionen seines Volkes näher. Selbstverständlich tauschten wir uns auch über Persönliches aus, über Wünsche, Träume, Ängste und seine Lebensgeschichte. Er wäre gern Lehrer geworden und hätte dem Busch den Rücken gekehrt. Doch diese Träume waren aus zweierlei Gründen in weite Ferne gerückt. Sechs Monate zuvor wurde er unbeabsichtigt Vater. Er musste die Frau, die er nicht liebte, heiraten und war nun verpflichtet, für sie und seinen Sohn aufzukommen. Zugleich wartete er schon lange auf sein Highschool-Diplom, das es ihm ermöglichen würde, sich an einer Universität einzuschreiben. Das Diplom wurde ihm verweigert, weil er vier Jahre lang keine Schulgebühren bezahlt hatte. Es standen cica 700 Euro aus. Mit dem Solar Charging Service sollte er demnächst in der Lage sein, seine Schulden schnell zu tilgen, um dann das Studium aufzunehmen.

Diesen besonnenen jungen Mann mochte ich sehr, ohne ihn wäre mein Aufenthalt im Busch unvorstellbar gewesen. Er war mein Übersetzer zwischen den Welten!

In Paul, der erst in den letzten zehn Tagen meiner Reise in mein Leben trat, fand ich einen Seelengefährten, der mich in Spiritualität unterrichtete, mir die Liebe zur Natur nahebrachte, mir die Angst vor dem Wasser nahm und mir zeigte, was ich der Welt zu geben hatte.

Auch gewann ich unzählige kleine Freunde. Die Zeit mit den Kindern des Dorfes war eine der schönsten meines Lebens. Sie haben mir so viel Leichtigkeit, Liebe und unzählige Gänsehautmomente geschenkt und mich ein wenig meiner Kindheit nachholen lassen. Wir sollten uns mehr mit Kindern beschäftigen und von ihnen lernen, denn sie sind frei, voller Freude, Neugier, Experimentierlust und Kreativität – lauter Vorzüge, die auf dem Weg zum Erwachsenwerden verloren gehen.

Auch im Nachhinein hat meine Reise nach Kenia wunderbare Auswirkungen. Barbara, die Dame, die mir die Reise ermöglicht hat, und ich sind enger zusammengerückt. Unsere Beziehung hat sich vertieft, unsere Treffen sind gesprächsintensiv. Ich habe nun ein besseres Verständnis für den Spagat, den sie zwischen den Welten macht, mit welchen Herausforderungen sie zu kämpfen hat, und warum sie trotz allem Kenia und seine Menschen liebt. Wir haben nun große Gemeinsamkeiten – und die schweißen bekanntlich zusammen.

Ich habe viele neue Freunde gewonnen. Früher bin ich immer sehr vorsichtig mit dieser Bezeichnung umgegangen. Ich glaubte, dass man nur wenige Freunde haben könne. Heute denke ich anders darüber. Freunde sind für mich Menschen, die sich bemühen, mich zu verstehen, und die mich annehmen, so wie ich bin.

Neben den Freundschaften habe ich in Kenia noch ein kostbares Geschenk bekommen! Ich wurde bedingungs- und vorbehaltlos in eine große Familie aufgenommen. Pendeza und ihre Angehörigen kümmerten sich um mich wie um eine Tochter. Sie pflegten mich, machten sich Sorgen, wenn es mir nicht gut ging. Ich wurde Teil ihres Lebens. Beim Abschied sagte sie mir auf Englisch: »You become part of my family. I gave birth to a white baby girl spiritual child, called Tatjana. I will miss you like my daughter.«

»Von allen Geschenken, die uns das Schicksal gewährt, gibt es kein größeres Gut als die Freundschaft – keinen größeren Reichtum, keine größere Freude«, heißt es beim griechischen Philosophen Epikur von Samos.

Auf dem Weg zum neuen, alten Leben

Bevor ich das Land verließ, hielt ich mich noch zehn Tage in einem wunderbaren Baumhaushotel auf, einem Yoga Retreat Center mit vegetarischer Ernährung, direkt am Strand von Watamu. Ich brauchte nun Zeit für mich, musste meine Begegnungen und Erfahrungen verarbeiten und überlegen, wie mein Leben weitergehen sollte.

Julius hatte mir angeboten, mich dorthin zu fahren. Wir kamen tief in der Nacht an. Das Treehouse war hell beleuchtet und an Schönheit nicht zu überbieten. Ich wurde von Ellen, einer quirligen Amerikanerin, willkommen geheißen. Ich bekam das höchste Zimmer des Hotels. Nachts konnte ich von meinem Bett aus den Mond sehen. Meine Terrasse bot einen grandiosen Ausblick auf das Meer und den Wald. Ich fühlte mich wie im Himmel!

Ich ging unter die offene Dusche, im Mondlicht genoss ich das Prasseln des warmen Wassers auf meinen Körper, den weichen Schaum und den Duft des Duschöls. Dann hüllte ich mich in die frisch duftenden, flauschigen Handtücher, und später in den kuscheligen Bademantel. Ich lauschte dem Rauschen des Meeres und der Palmen im Wind. Ellen brachte mir einen Tee, den ich regungslos auf der Terrasse trank. Obwohl ich wegen des Abschieds von den Dorfbewohnern traurig war, fühlte ich mich unendlich glücklich. Welch seltsame Mischung! Ich schlief tief und wurde bei Tagesanbruch wach.

Mein Tag begann bei Sonnenaufgang um 5 Uhr mit einer Meditation. Zusammen mit Paul, dem Hotelinhaber, dem ich zum ersten Mal begegnete, machte ich eine schöne Meditation zum Tagesstart. Danach kamen wir bei einem Smoothie ins Gespräch. Er führte mich dann durch das Hotel. Alle Zimmer waren individuell gestaltet und auf ihre jeweilige Art wunderschön. Er erzählte mir die Geschichte des Hauses: ein Gebäude, das mit der Entwicklung seines Inhabers stetig gewachsen und schließlich, nach einem Traum, zu einem Yoga Retreat Center gestaltet worden war.

Um 8 Uhr gab es Yoga, danach ein exquisites Frühstück mit leckeren, frischen Lebensmitteln, mit viel Liebe zum Detail geschmackvoll arrangiert. Nach wochenlangem Frühstück ausschließlich mit Rotis im Busch fühlte ich mich durch das reichhaltige Angebot regelrecht überfordert. Jeder Wunsch wurde mir von den Augen abgelesen.

Ich erfüllte mir auch einen lang gehegten Traum: Der Exkursionsleiter des Hotels erteilte mir meine erste Stand-up-Paddling-Stunde am Strand. Es machte mir einen Riesenspaß, mich auf dem Brett nur mit Körpereinsatz fortzubewegen.

Ich verbrachte meine Tage mit Meditation, Yoga, Jogging, Stand-up-Paddling und weiteren Aktivitäten, hatte sehr viel Zeit für mich, um das Erlebte einzuordnen, zur Ruhe zu kommen, herauszufinden, wo meine weitere Lebensreise hinführen solle. Trotz Internetverbindung blieben mein Telefon und mein Tablet nahezu ungenutzt. Sie hatten keine Bedeutung mehr für mich.

Paul war ein faszinierender Mensch. Er erzählte mir von seiner spirituellen Reise, von seiner Wandlung vom New Yorker Banker zum Yogalehrer und Hotelbesitzer. Ich war tief beeindruckt und begann, mit ihm zusammen Mantras zu singen, zu beten, zu meditieren. Nach anfänglicher Skepsis merkte ich, dass mir dies guttat, und ich genoss es.

Ich las die *Bhagavad Gita*, eine der zentralen Schriften des Hinduismus, auf der Pauls Erkenntnisse basierten, und war begeistert. Jede freie Minute verbrachte ich mit ihm, unsere Gespräche waren für mich und ihn gleichermaßen bereichernd. Wir lernten voneinander. Es war, als würde sich sein Wissen mit meinem verbinden und wir einen neuen Zugang zu den uns bewegenden Themen erhielten. Wir entwickelten zusammen die Idee für neue Seminare, notierten die acht Räder des Lebens, entwickelten Buchkonzepte, neue Serviceleistungen, Ideen von dem, was die Welt in naher Zukunft benötigen würde.

Paul zeigte mir die kostbare Seite Kenias, die unberührte Natur. Er ging mit mir wandern, fuhr mit mir als Anfängerin auf dem offenen Meer Kanu, machte mit mir Stand-up-Paddling-Touren durch Flüsse und Mangrovenwälder, überredete mich zum Vollmondfloating und zeigte mir seltene Naturereignisse. Ich überwand dabei viele Ängste, ließ mich einfach fallen und treiben und wurde auf vielfältige Weise belohnt.

Auch der Kontakt zu den anderen Gästen war intensiv. Man begegnete sich ohne Maske, voller Wertschätzung und Sympathie. Jeder coachte jeden, jedes Gespräch barg Lösungen und neue Denkansätze.

Nach ein paar Tagen wurde mir klar, dass Paul das *Why Are You Here Café* von John Strelecky verwirklicht hatte. Natürlich unbewusst. Einen Ort, an dem man sich mit sich selbst befasst, durch Meditation und Yoga sein Innerstes ergründet und durch Gespräche herausfindet, was man wirklich will, wo die Reise des Lebens hinführen soll. Ein wahrlich magischer Ort!

Paul war für mich ein Seelenverwandter, der mir den Spiegel vorhielt, mein Inneres nach außen kehrte und meinen Blick nach innen lenkte. Es war so, als hätte er die von mir errichteten Mauern eingerissen und mich mit einem Donnerschlag aufgeweckt, bislang Unwichtiges in Wichtiges verwandelt, mir neue Türen geöffnet. Er war wie ein Rettungsring, der mir zur rechten Zeit zugeworfen wurde und der mich nachhaltig verändern sollte.

Die zehn Tage im Treehouse vergingen wie im Flug, mein Koffer war prall gefüllt mit neuen Erkenntnissen. Wie würde ich den Transfer all dieser Erkenntnisse in mein altes Leben schaffen? Gab es das alte Leben, die alte Tatjana überhaupt noch? Mein Leben ließ sich nun in ein Vorher und ein Nachher unterteilen.

Was bleibt: Jeder hinterlässt Spuren,
Sie entscheiden, welche ...

Jeder Mensch, dem wir in unserem
Leben begegnen, ist einzigartig.
Jeder Mensch hinterlässt etwas und
nimmt ein Stück von uns mit.
Viele nehmen viel mit, aber es gibt
niemanden, der nichts hinterlässt.
Das ist der Beweis dafür, dass sich zwei
Seelen nicht zufällig begegnen.

JORGE LUIS BORGES

Jeder Mensch hinterlässt seine Spuren, ob man sich dessen bewusst ist oder nicht. *Es gibt Menschen, die in unser Leben eintreten und alles verändern, durch die plötzlich das, was vorher nicht wichtig war, einen Sinn ergibt, Menschen, die bewirken, dass wir unser Inneres umgestalten.* Spuren sind unauslöschliche Markierungen in unserem Gedächtnis, durch die wir uns an Momente der Liebe, des Entdeckens und des inneren Wachstums erinnern.

Was bleibt von uns nach unserem Tod? Was hinterlassen wir außer einem Hausstand und materiellen Dingen? Wen haben wir wie geprägt? Wie gehen wir mit uns und den anderen um?

Es gibt Menschen, die in unser Leben kommen, und alles verändern, wie bei mir Barbara, Baraka, Mama Pendeza und Paul. Diese Menschen zeigen uns Dinge auf, zwingen uns anzuhalten, innezuhalten, hinzuschauen, zeigen uns auf, was wirklich wichtig ist. Durch sie ergeben Dinge einen Sinn, die vorher zweitrangig oder gar unwichtig waren. Es sind Menschen, die unser Leben in ein Vorher und in ein Nachher unterteilen. Sie bringen frischen Wind in unseren Alltag und hinterlassen eine unauslöschliche Spur in unserem Gedächtnis. Sie vermitteln uns ein anderes Bild der Welt, sie helfen uns, die Vergangenheit zu hinterfragen, die Gegenwart schöner zu gestalten und hoffnungsfroh in die Zukunft zu schauen.

Ein solcher Mensch können auch Sie sein. Sie können prägen, begeistern, aufzeigen, verändern – ohne sich dessen bewusst zu sein. Diese Prägungen können sowohl positiv als auch negativ sein. Sie können heilen, unterstützen, Hoffnungen wecken, aber durch Ihr Verhalten auch Wunden und Narben verursachen.

Welche Spuren möchten Sie hinterlassen? Sie können mit Ihrem Handeln, Ihrer Art, wie Sie mit Menschen umgehen, sehr stark beeinflussen, welche Spuren Sie auf dieser Welt hinterlassen. Je authentischer Sie sind, je stärker Sie ihrer Linie treu sind, umso mehr bleiben Sie im Gedächtnis der anderen.

Bleiben Sie vor allem authentisch! Sind Denken, Gefühle und Handeln im Einklang, so präsentiert man sich seiner Umwelt unverstellt, strahlt Selbstsicherheit und Kongruenz aus.

Durch Ihr Handeln können Sie stark beeinflussen, welche Spuren Sie auf dieser Welt hinterlassen werden. Und je mehr

Sie dabei Ihrer eigenen Linie treu bleiben, umso stärker werden Sie anderen im Gedächtnis bleiben. Überlegen Sie sich, was Sie bei sich selbst und vor allem in der Welt verändern können. Jeder noch so kleine Schritt zählt. Versuchen Sie, Spuren zu hinterlassen, auf die Sie stolz sein können.

Wie heißt es so schön in der US-Comicverfilmung *Batman Begins*, einem Reboot der Batman-Geschichte: »Was wir tun, zeigt, wer wir sind.« Es steckt sehr viel Wahrheit in diesem Satz, denn nur unsere Handlungen sind aussagekräftig. Stimmt das Gesagte nicht mit der Handlung überein, verlieren wir an Glaubwürdigkeit. Dies beginnt schon in der Erziehung, wenn wir Kindern etwas verbieten, was für uns normal ist.

Wir alle sind Vorbilder – für unsere Kinder, unsere Freunde, Bekannten, Kollegen, Mitarbeiter, für Menschen, die uns im Leben begegnen. Wir werden beobachtet, und wenn man uns mag, werden wir sogar nachgeahmt. Wer über Nachhaltigkeit spricht, sollte diese auch leben. Wer von anderen Benehmen und Freundlichkeit erwartet, sollte sich dementsprechend verhalten. Wer sich Zeit und Aufmerksamkeit wünscht, muss sie auch selbst aufbringen.

Wofür möchten Sie stehen? Welche Spuren möchten Sie hinterlassen?

Ich möchte dafür stehen, Menschen auf Ihrem Weg zum Ausschöpfen ihres Potenzials zu begleiten, einschränkende Ansichten und Vorstellungen hinter sich zu lassen. Ich möchte mich dafür einsetzen, dass die Vergangenheit eines Menschen keine schädlichen Auswirkungen auf seine Zukunft hat, dass Potenziale gelebt und Berufungen gefunden werden. Ich möchte Menschen aufzeigen, warum man ist, wie man ist, wie man Hemmendes hinter sich lässt und Wünsche, Träume und Ziele verwirklicht. Ich möchte hinter die Maske schauen und verstehen, warum das Gegenüber ist, wie es ist. Wie man mit Verständnis, Wertschätzung und Menschenliebe zum Ziel kommt.

Ich halte an diesen Vorsätzen fest, auch wenn es mir nicht jeden Tag gelingt, sie umzusetzen. Doch sie werden immer mehr zu meinem Ich – und zu den Spuren, die ich hinterlassen möchte.

Sorgen auch Sie dafür, dass Menschen, mit denen Sie eine Zeit lang denselben Weg gehen, ihre Spuren hinterlassen. Menschen, die Ihnen ein anderes Bild von der Welt vermitteln, die Ihnen helfen, Ihr Leben zu hinterfragen, und die Sie für den Rest Ihres Lebens prägen!

NEUFINDUNG

Zurück im Land, wo Milch und Honig fließen

Ich stieg aus dem Flieger, die heiße Sommersonne Mallorcas begrüßte mich. Drei Monate, ein gefühltes Leben später, war ich also wieder zurück in meiner Wahlheimat. Als Erstes kümmerte ich mich um meine Köperpflege: Haare färben, Maniküre und Pediküre. Ich suchte meinen gewohnten Friseursalon auf, wo ich von den neugierigen Mitarbeitern, die alles über mein Afrika-Experiment hören wollten, mit einem Glas Champagner und einem Latte macchiato mit einem Herzen aus Kakaopulver auf dem Milchschaum empfangen wurde. Es fiel mir schwer, ein derart einschneidendes Erlebnis in ein paar Sätzen zu beschreiben. Ich beschränkte mich auf das Wesentliche, und das schien schon die Neugierde zu stillen.

Ich merkte, dass ich noch nicht bereit war, meine Erfahrungen aus dem Busch mit anderen zu teilen, vielleicht weil ich sie für mich selbst noch verarbeiten musste. Wie kann man etwas in Worte fassen, das den gewohnten Alltag aus den Angeln gehoben hat? Die meisten meiner Zuhörer hielten meinen Trip für ein Abenteuer – für mich war es aber viel mehr. Dann fuhr ich zu Freunden, die mich ebenfalls mit Fragen bestürmten. Auch sie stellte ich mit einigen wenigen Auskünften zufrieden.

Ich schlüpfte zurück in mein altes Leben, trug die Kleidung von früher und High Heels und fühlte mich zumindest äußerlich wieder zugehörig. Am Abend fand im Hafen der Reichen und Schönen ein Festessen statt. Ich kam mir vor wie im Theater. Die Gäste bildeten eine großartige Kulisse: Zum Teil trugen die Frauen Kleider, die ein Jahresgehalt eines Kenianers überstiegen, viele waren auf jung getrimmt, es war wie auf dem Laufsteg. Sehen und gesehen werden. Welch krasser Kontrast zu dem letzten Abend, den ich in Kenia im Dorf verbracht hatte – am Lagerfeuer sitzend, singend, barfuß, ungeschminkt, nur in ein Tuch gewickelt, mit den Fingern essend, mit lachenden, mit Tomatensoße verschmierten Gesichtern, strahlenden Augen.

Obwohl ich mit Freunden und Bekannten an der Festivität am Hafen teilnahm, fühlte ich mich fehl am Platz. Wie nicht anders zu erwarten, stand ich wegen meines kenianischen »Abenteuers« im Mittelpunkt des Interesses. Ich wurde herumgereicht wie eine Trophäe und stolz präsentiert und bewundert. Doch mir behagte diese Rolle nicht. Ich lenkte die Gespräche um, fühlte mich einsam unter Menschen. Ihre oberflächlichen Gespräche über den Sommerurlaub, ihre Alltagsprobleme, ihre Aussagen und ihre Profilierungssucht langweilten mich zu Tode. Ich war zwar physisch anwesend, aber in meinem Innern war ich ganz weit entfernt: Ich grübelte darüber, was die Menschen in »meinem« Dorf täten, um ein Leben wie dieses hier zu haben. Doch ist es wirklich so erstrebenswert, zu den Reichen zu gehören? Würden die Buschbewohner wirklich mit ihnen tauschen wollen, wenn sie wüssten, wie leer das Leben dieser privilegierten Schicht sein kann?

Um uns scharten sich immer mehr Menschen, der Champagner floss in Strömen. Ich überschlug, wie viele Kinder ich mit dem Geld, das heute dafür floss, zur Schule schicken könnte. War mir diese Verschwendung früher nicht aufgefallen? Bisher war ich Champagner und Partys nicht abgeneigt gewesen, wollte gern zum Jetset gehören. Nun konnte ich diese künstliche Heiterkeit und alkoholbedingte Lockerheit kaum aushalten. Unsere Gesellschaft zog dann weiter in einen angesagten Klub. Warum ging ich überhaupt mit? Wollte ich etwas kompensieren? Den Sommer nachholen? In mein altes Leben zurückkehren, den Aufenthalt in Kenia einfach wegwischen? Trotz Alkoholgenuss war ich nüchterner denn je. Die Gespräche drehten sich um Banalitäten. Ich hatte den Eindruck, dass keiner der Anwesenden den Zweck meiner Reise und mich auch nur ansatzweise verstand. Irgendwann brach ich auf und weinte den ganzen Weg nach Hause. Was war nur los mit mir? Lief ich vor dem weg, was ich mir in meinen Abenden in der Dorfhütte ausgemalt hatte? War es nicht genau das, was ich im Busch zu vermissen geglaubt hatte: den Glamour-Faktor?

Die nächsten Tage traf ich nur Menschen, die mir wirklich etwas bedeuteten. Ich versuchte, meinem näheren Umfeld meinen »Trip in den Busch« nahezubringen. Die übrige Zeit zog ich mich zurück, genoss mein Haus, meinen Garten, die Natur. Ich lief und lief, fühlte mich fast wie ein Familienmitglied von *Forrest Gump* und kam täglich wieder auf meine 20 bis 25 Kilometer Fußmarsch. Mein Auto blieb weitgehend ungenutzt.

Die erste Anschaffung war ein SUP-Board, ich schipperte damit auf dem Mittelmeer herum und fühlte mich eins mit der

Natur. Mein Afrika-Gefühl war wieder da. Stundenlang blickte ich auf das Meer und versuchte, das Erlebte zu verarbeiten, die Erkenntnisse aus dem Busch in mein Leben zu intergieren.

Mit Rama, Baraka und Paul blieb ich in engem Kontakt, sie waren sehr daran interessiert zu erfahren, wie sich mein neues Leben gestalten würde. Ich hing zwischen diesen beiden Welten.

Mein größter Wunsch, Oliver bald wiederzusehen, wurde nicht erfüllt. Er meldete sich sporadisch, weil die Kinder bei ihm waren und er angeblich keine Zeit hatte. Ich war traurig und enttäuscht, er ging mir offensichtlich aus dem Weg, denn auch unser telefonischer und WhatsApp-Kontakt wurde abgebrochen.

Als die Sommerzeit vorbei war, kehrte ich nach Zürich zurück. Ich wurde von meiner Freundin Susi am Flughafen abgeholt und durfte die nächsten Wochen bei ihr wohnen. Stunden-, tage- und nächtelang redeten wir über das, was ich im Busch und sie im Sommer erlebt hatte, über unsere weiteren Pläne, das Leben, die Menschen … Ich fühlte mich sehr wohl im Schoß ihrer Familie. Sie kümmerte sich liebevoll um mich, verstand mich und vermochte nachzuempfinden, wie ich mich fühlte. Eine Wunde aus Afrika brach wieder auf und entzündete sich so stark, dass ich ins Krankenhaus musste. Weder die Mallorquiner noch die Schweizer Luft konnte sie heilen. Mein Körper und mein Geist schienen geschwächt zu sein.

Der Wiedereinstieg ins Berufsleben fiel mir sehr schwer. Es war für mich eine Qual, mich zehn bis zwölf Stunden in einem Gebäude aufzuhalten. In meiner Praxis in der Löwen Straße neben der Bahnhofstraße fühlte ich mich eingeengt, eingesperrt, öffnete alle Fenster, um etwas vom schönen Spätsommer mitzubekommen. Bisher hatte ich das geschäftige Treiben genossen, doch nun stresste es mich. Auch die Ordnung, die Sauberkeit, die Struktur, die zurechtgestutzten Bäume und Sträucher, das begradigte Flussbette der Limmat empfand ich als unnatürlich. Nichts durfte einfach so sein, wie die Natur es vorgesehen hatte. Wie sehr hatte ich mich an die wunderbare, ungebändigte Natur Kenias, an das Leben im Freien gewöhnt!

Ich hielt an meinem Rhythmus fest, verbrachte etwa zwei Stunden täglich in der Natur. Ich wanderte, kletterte und bevorzugte Plätze mit möglichst wenig Menschen. Ich fühlte mich rastlos, unruhig, verunsichert, ob das, was ich im Leben mache, richtig ist. Es begann eine lange Phase der Unsicherheit. Alles, was klar schien, stellte ich auf den Prüfstand. Ich hatte meinen Weg verloren. Die Nachwehen Afrikas begannen.

Nach vier sehr erfolgreichen Berufsjahren brach mein Business zusammen: Aus unerklärlichen Gründen blieben die Klienten aus. Aber eigentlich lag die Erklärung auf der Hand: Wie sollte jemand zu mir kommen, wenn ich selbst in einer Krise steckte? Wie konnte ich helfen, wenn ich selbst keinerlei Ressourcen hatte? Das Gesetz der Anziehung greift – sowohl positiv als auch negativ!

Ich hatte nun viel Zeit, um meine Ängste zu pflegen, mich selbst ins Abseits zu schieben, in einen Strudel der Unsicherheit hineingezogen zu werden. Wie sollte es nur weitergehen, was wollte ich?

Ich verbrachte sehr viel Zeit mit Susi und Beat. Es war mir wichtig, mich mit ihnen auszutauschen, doch eine Lösung schien nicht in Sicht. In den Augen meiner Mitmenschen war meine »Entgleisung« aufgrund eines »Urlaubs« nicht nachvollziehbar. Doch mich plagten große Ängste, ich fand einfach nicht zur Ruhe, und meine Zukunft lag im Nebel.

Oliver traf ich auf mein Drängen hin erst viele Wochen nach meiner Rückkehr aus Kenia. Es war ein herzliches Wiedersehen, aber leider auch nicht mehr. Unser vermeintlich gemeinsamer Weg ging nicht weiter. Oliver stieg nach nur wenigen Haltestellen aus meinem Zug des Lebens aus. Und doch war er wichtig, stellte er einen großen Halt für mein Afrika-Abenteuer dar. Er hatte eine wunderbare romantische Ader in mir geweckt, und dafür bin ich ihm dankbar.

So erging es mir auch mit guten Bekannten und dem einen oder anderen Freund. Beziehungen lösten sich einfach auf. Es war, als ob alles gesagt und das Verständnis füreinander einfach aufgebraucht sei – wie ein Vertrag, der ausläuft.

Wenn wir uns verändern, ändert sich auch unser Umfeld. Nicht jeder kommt mit der »neuen«, pragmatischen Tatjana klar. Viele unserer Alltagsprobleme erscheinen mir so belanglos, dass ich mir oft eine spitze Bemerkung kaum verkneifen kann – wenn ich beispielsweise an der Hotelrezeption höre, dass ein Gast sich darüber beschwert, dass das Duschwasser nicht richtig warm war. Wir beschweren uns im Winter über den Winter und im Sommer über den Sommer, wenden viel Zeit auf, um uns bei Facebook über die Probleme der Regierungsbildung auszulassen, jammern über alles Mögliche. Wir bieten Energie auf für Dinge, die wir nicht ändern können, lassen uns von anderen Menschen die Laune verderben. Wir konzentrieren uns gern auf das, was gerade nicht funktioniert, statt auf das, was funktioniert. Wie wäre es mit einem Fünkchen mehr Dankbarkeit?

Die Stadt Zürich, die vielen Menschen, die Emotionen, die Eindrücke, die jeden Tag auf mich einprasselten, der Lärm – alles beunruhigte und stresste mich. Ich schlief kaum noch, obwohl ich müde war, mein Gehirn arbeitete auf Hochtouren. Nach zwei Monaten hielt meine Selbstunsicherheit immer noch an.

Ich suchte Rat bei Ralph, einem guten Freund, der mich ein paar Jahre sehr erfolgreich managte, bevor er seinen eigenen Weg ging. Ich schilderte ihm meine Situation. Völlig pragmatisch sagte er mir: »Wir können jetzt jammern und deine Situation beklagen, oder du bekommst den Hintern hoch und glaubst daran, dass du deinen Weg wiederfinden wirst.« Er war felsenfest überzeugt, dass ich in wenigen Wochen wie Phönix aus der Asche steigen würde. Wie schön, dass er an mich glaubte! Er erzählte mir von Gesprächen mit erfolgreichen Menschen, die erst abstürzen mussten, um sich neu zu finden, die Altes infrage gestellt hatten, um Raum für Kreativität und neue Wege zu finden. Manchmal benötige man einen Ausfall aller Systeme, um ein Reset machen zu können, um alles auf Anfang zu stellen.

Ralph hatte mich sehr motiviert und mir auch viele kostbare Buchtipps gegeben. Ich ging dann sofort in eine Buchhandlung auf der Suche nach *Tools of the Titans* von Tim Ferriss. Ralph hatte mir empfohlen, das Buch einfach irgendwo aufzuschlagen. Also setzte ich mich in die Leseecke und schlug zufällig eine Seite auf. Ich landete auf einer Seite, auf der Floating als das natürlichste und unschädlichste Psychedelikum beschrieben wird. Floaten wollte ich schon immer ausprobieren! Ich werde nie vergessen, wie fasziniert ich war, als ich mich im Toten Meer wegen seines extrem hohen Salzgehalts wie ein schwimmender Korken treiben ließ.

Vielleicht würde Floaten mir helfen! Dieses Entspannungsverfahren, bei dem man in reizarmer Umgebung in einem Bad bei einer Wassertemperatur von 35,7 Grad mit 27 Prozent Salz fast schwerelos an der Wasseroberfläche treibt, wollte ich unbedingt ausprobieren. Bei mir um die Ecke gab es ein Floating Center, und da war in dreißig Minuten noch ein Tank frei. Ich stürzte los, nicht ahnend, was passieren würde, doch mein Phönix rührte sich bereits ...

Im Tank flog ich ins All, ich beamte mich aus dieser Welt, kam endlich zur Ruhe und konnte mich wieder fühlen. Nach einer Stunde kroch ich, erholt wie nach einem zweiwöchigen Urlaub, aus dem Wasser. Ich fühlte mich gelassen und voller Energie. Bereits auf dem Weg zur Kasse wusste ich, dass Floating in Kombination mit Hypnose die Menschen in ganz andere Sphären bringen würde.

Hypno-Float war geboren. Abseits vom Alltag wird Altes bereinigt, man taucht ins Unterbewusstsein ab, und das gesamte neuroendokrine System wird neu kalibriert. Zusammenhänge zwischen Erfahrungen und daraus entstandenen Überlebensmustern werden erkannt und gemeinsam mit dem *Mesmerize-it*-Therapeuten aufgelöst – denn alles, was man sich angeeignet hat, kann man auch wieder ablegen. Es ist eine innere Einkehr, um den Kontakt zu sich selbst aufzunehmen, sich von der Außenwelt zu distanzieren, eine Reise für Körper, Geist und Seele. Aus diesen wertvollen Momenten schöpft man Kraft und Energie mit lang anhaltender Wirkung.

Ich hatte also etwas gefunden, das mir aus dem Tief heraushalf und mir eine wunderbare neue, hilfreiche Therapiemethode an die Hand gab. Floating ist für mich die Entspannungsmethode der Zukunft und neben der kenianischen Erfahrung im Busch mein persönliches Highlight des Jahres 2017. Ich konnte wieder in meiner Arbeit aufgehen und nahm mir vor,

Hypno-Float an drei verschiedenen Standorten zu starten: Mallorca, München und Berlin. Ich war begeistert und freudig gestimmt, ich hatte wieder ein Ziel, ich lebte wieder!

Authentizität versus Maskenspiel

Seit ein paar Jahren bemühe ich mich, Schritt für Schritt meine Maske abzulegen. Ich stelle fest, dass es sich damit besser lebt. Eine Rolle zu spielen, aus welchen Gründen auch immer man diese übernommen hat, ist sehr anstrengend. Man ist immer auf die anderen ausgerichtet und verliert dabei die eigenen Wünsche und Bedürfnisse aus dem Blick. Oft erlebe ich, dass meine Klienten nicht wissen, was sie wirklich wollen. Als sei die innere Verbindung abgebrochen, als könnten gesendete Daten nicht empfangen werden.

Vermutlich geraten viele Privathaushalte aus diesem Grund in die Schuldenfalle. Man verfängt sich in einem Teufelskreis, der sich immer weiter verstärkt, weil man in der Achtung der anderen nicht sinken und unbedingt dazugehören möchte. Doch wofür? Für das neue Auto, das teure Kleid, die limitierte Handtasche, das größere Haus, die prestigeträchtige Einrichtung, die luxuriöse Reise – doch all das nützt am Ende nichts, denn wir haben immer uns selbst im Gepäck, und wenn wir mit uns nicht zufrieden sind, nützen all diese materiellen Errungenschaften nichts.

Auch in Afrika machte ich die Erfahrung, dass die Menschen sich öffneten, sobald ich die Hemmungen verlor und aus mir herausging. Authentizität scheint wie ein Türöffner zu wirken. Man muss sich nicht klein machen, um gemocht zu werden. Wenn man offen über die eigenen Schwächen, Niederlagen oder Kränkungen spricht, ohne sich als Opfer darzustellen, fassen auch die anderen Menschen den Mut, das zu tun. Sie haben dann das Gefühl, dass es erlaubt ist, Schwächen zu haben. Genau das ist erlaubt! Jeder darf so sein, wie er ist.

Die meisten Menschen nehmen an, dass mein Leben perfekt verläuft. Vielleicht sieht es von außen so aus, doch der Schein trügt. Jeder hat seine Ängste und seine Probleme – und warum darf man nicht darüber reden? Einer meiner Lieblingssätze lautet: »Wer spricht, dem kann geholfen werden.« Denn nur wenn man an den eigenen Gefühlen teilnehmen lässt, weiß unser Umfeld, wie es uns wirklich geht. Schwächen sind eben menschlich.

Nie vergesse ich meine erste Begegnung mit den Dorfbewohnern in Kenia im Morgengrauen: Mit verquollenem Gesicht, ungewaschen, mit nicht geputzten Zähnen und bepinkelten Hosenbeinen traf ich auf meine zukünftigen Mitbewohner. Das Eis war gebrochen, sie dachten: »Die Muzungu ist auch nur ein Mensch.« Die Wunden an meinen Füßen haben ihnen später den Mut gegeben, mir auch ihre Schwächen und ihre Verwundungen zu zeigen. Niemals hätte ich so viele Vertraulichkeiten und Familiengeheimnisse erfahren, wenn ich nicht auch etwas von mir preisgegeben hätte. Wenn das Versteckspiel aufhört, können Nähe und Wertschätzung in Gang kommen.

Zurück in der Zivilisation halte ich mich in Diskussionen mit meiner Meinung nicht zurück. Ich glaube, dass die Dorfgemeinschaft im Busch uns um einiges voraus ist und wir auf sehr hohem Niveau jammern. Ich verheimlichte nun nicht mehr meine finanziellen Engpässe und sagte ein Abendessen im Restaurant ab. Ich lehnte Einladungen zu Events nicht mit fadenscheinigen Ausreden, sondern mit der Wahrheit ab. Oft bin ich stattdessen einfach mit Freunden spazieren gegangen. Erstaunlicherweise wurde ich in dieser Zeit mit vielen Geschenken bedacht. Ich wurde ganz selbstverständlich eingeladen, bekam genau die Dinge, die ich gerade brauchte, und wurde aufgefangen. Der ein oder andere sagte mir, es sei ein schönes Gefühl gewesen, mir auch etwas zurückgeben zu dürfen.

Ich wünsche mir so sehr, dass wir anfangen, unsere Masken dort abzulegen, wo es uns angebracht erscheint. Heilung ist nur möglich, wenn wir uns bewusst machen, dass wir nicht die Einzigen sind, die Probleme haben, und dass wir durch die Erkenntnis, dass etwas nicht so läuft, wie es sollte, uns ändern können.

Warum es sich lohnt, mehr über Masken und ihre Hintergründe zu erfahren:

- Je mehr Maske Sie tragen, umso mehr Menschen tun dies auch in Ihrem Umfeld!
- Manche Masken sind durchaus sinnvoll, doch sollten Sie die Kontrolle darüber haben, wann und wo Sie diese aufsetzen, und nicht umgekehrt. Verstecken wir unser wahres Ich hinter einer Maske, so verbauen wir uns häufig den Zugang zu anderen Menschen.
- Wissen Sie, wann Sie Masken aufsetzen?
- Überlegen Sie mal, welche Masken Sie kennen und in welchen Fällen Sie sie anlegen. Beobachten Sie sich und finden Sie die unbewusst angelegten Masken. Erst wenn Sie diese identifizieren, können Sie sie irgendwann ablegen.

- Beobachten Sie die anderen, schauen Sie genau hin!
- Menschen in Ihrem näheren Umfeld tragen unterschiedliche Masken, in unterschiedlichen Situationen, je nach Gegenüber. Finden Sie die Gründe dafür heraus. Das hilft Ihnen, das Anlegen von Masken zu verstehen, und Sie können die Gründe mit Ihrem eigenen Verhalten abgleichen.
- Um die eigenen Masken besser zu verstehen, fragen Sie Ihr Umfeld!
- Ihre Freunde, Familienangehörigen, Partner, Kinder, Kollegen wissen häufig gut über unsere Schutzmechanismen Bescheid und zu welchem Zweck wir Masken aufsetzen. Fragen Sie nach, lernen Sie daraus und betrachten Sie es als Vertrauensbeweis, dass man Ihnen diese Informationen liefert.
- Machen Sie sich Ihrer Masken und Rollen bewusst!
- Je mehr Sie über sich wissen, umso besser verstehen Sie sich und können die Ursachen herausfinden. Sich selbst zu verstehen ist eine wunderbare Voraussetzung, um sich auch selbst zu mögen. Wut, Angst, Aggression und Traurigkeit, die sich hinter einer Maske verbergen, schaden nicht nur einem selbst, sondern sie schaffen auch Misstrauen. Wir alle können leichter mit klar geäußerten Gefühlen umgehen als mit Schwingungen, die wir zwar wahrnehmen, uns aber nicht anzusprechen trauen. Negative, unterschwellige Gefühle verunsichern unser Gegenüber.
- Masken und Rollenspiele kosten Energie, Konzentration und gehen zulasten der eigenen Gesundheit!
- So tun als ob, sich verstellen, schwindeln, lügen, den Körper, die Mimik, die Stimme immer unter Kontrolle zu haben ist anstrengend und frisst Energie auf. Diese Energie

könnten Sie für andere Dinge nutzen, wenn Ihnen klar ist, dass das Rollenspiel beziehungsweise die Maske überflüssig ist. Durch die ständige Beschäftigung mit sich selbst und dem eigenen Energiehaushalt ist es kaum möglich, die anderen wahrzunehmen. Man schadet der eigenen Gesundheit und der Beziehung zum Gegenüber. Unterdrückte Gefühle sind eine Belastung für Körper, Geist und Seele.

Als ich aus dem Busch zurückkehrte, verhehlte ich nicht mehr meine Gefühle, meine Unsicherheit, meine Erfolglosigkeit, meine Ängste. Mein kenianisches »Abenteuer« hatte mir zwar Mut abverlangt, doch nicht weil ich auf dem Boden schlief, auf moderne Kommunikationsmittel und sanitäre Anlagen verzichtete. Für mich war es ein mutiger Schritt gewesen, weil ich mich mir selbst gestellt, mein Inneres nach außen gekehrt habe. Alles, was ich bislang nicht offen ausgetragen hatte, durfte an den Tag gebracht werden. Es erfordert Mut, sich seinen verdrängten Erlebnissen und Problemen zu stellen. Herauszufinden, was übrig bleibt, wenn die Fassade, das äußere Erscheinungsbild bröckelt, nichts zum Festhalten und Ablenken da ist.

Wichtig ist herauszufinden, wer man wirklich ist, zu hinterfragen, ob man ehrlich zu sich selbst ist, oder man sich belügt, ob man mit sich selbst konform geht, oder ob man Dinge tut, um anderen zu gefallen. Fangen Sie an, sich für einen Tag bei all ihren Handlungen diese Fragen zu stellen. Warum tun Sie Dinge? Resultieren sie aus der Gewohnheit heraus, aus bestimmten Programmierungen, aus den Überlebensmustern, oder entspringen sie ihren eigenen Wünschen und individuellen Bedürfnissen?

Entscheiden Sie sich für sich, für ein authentisches und ehrliches Leben, kontrollieren Sie Ihre Masken und Rollenspiele. Sie werden sehen, wie viel Freude es macht, wie viel Energie und gute zwischenmenschliche Beziehungen daraus resultieren.

Altes und Neues zusammenbringen

Mein Leben ist heute, ein halbes Jahr nach meiner Rückkehr aus Afrika, nicht mehr das Gleiche wie früher. Viele meiner Werte und Einstellungen haben sich geändert. Ich versuche, die Erfahrungen meines bisherigen Lebens mit den im Busch erworbenen in Einklang zu bringen.

Gleich nach der Gesundheit kommen meine Beziehungen zu anderen Menschen. Ich stelle mich völlig auf mein Gegenüber und sein Problem ein. Dies erlaubt mir, Nähe herzustellen, tiefe, offene Gespräche zu führen, Verständnis aufzubringen ... und immer wieder die Zeit zu vergessen. Doch wenn wir die Zeit vergessen, dann sind wir im Flow – und ich liebe den Flow.

Meine Neugier und mein Wissensdurst haben zugenommen, meine Gespräche sind intensiver geworden. Ich versuche, das Wesen meines Gesprächspartners zu ergründen, um ihn zu verstehen, denn für jedes Verhalten gibt es immer einen Grund und viele Hintergründe. Statt zu werten, versuche ich zu verstehen und zu würdigen, durch die Brille des anderen zu sehen, mich in mein Gegenüber zu versetzen. Bei 7,5 Milliarden Menschen, fünf großen Weltreligionen und 194 Staaten darf es schon mal andere Regeln, Traditionen, Handlungsweisen als meine eigenen geben!

Diese Einstellung führt dazu, dass auch in meinem Kopf Ordnung herrscht. Multitasking hat ausgedient. Ich widme mich nicht mehr zwei oder mehreren Aufgaben gleichzeitig, sondern wende meine Aufmerksamkeit den Anforderungen des Augenblicks beziehungsweise meinem Gegenüber zu.

Die natürlichen Ressourcen der Natur haben einen besonderen Stellenwert in meinem Leben erhalten. Nachdem ich Hunderte Liter Wasser über einen sechs Kilometer langen Weg auf dem Kopf balanciert, aus Pfützen getrunken und mit maximal zwei Litern Wasser geduscht habe, ist mir bewusst geworden, wie verschwenderisch wir in den Industrieländern mit Wasser, der Grundlage für das Leben auf der Erde, umgehen und wie ungleich die Verteilung dieser Ressource doch ist. Darum dusche ich, statt zu baden, denn ich kann es nicht mehr verantworten, 120 Liter Wasser zu meiner Entspannung zu »verschwenden«. Vor meinem geistigen Auge sehe ich dann zwölf kleine Kinder, die je 10 Liter Wasser durch die Welt schleppen – und das kann ich vor meinem Gewissen nicht verantworten. Da ziehe ich es vor zu floaten, weil dort die Sole nach dem Floating aus dem Floating-Tank mit einem Filter herausgepumpt, gereinigt und zurück in den Tank geleitet – also wieder benutzt – wird.

Ich dusche nur noch jeden zweiten Tag, und meine Haut dankt es mir. Während des Zähneputzens drehe ich den Wasserhahn zu. Heizungen stelle ich aus oder drehe ich herunter. Licht lasse ich nur noch im Raum brennen, in dem ich mich aufhalte. Der Plastikmüll im Indischen Ozean, die verschmutzten Strände und die kranken Meerestiere haben mich aufgerüttelt. Ich kaufe möglichst lose Waren und unterstütze Geschäfte, die auf Umverpackungen verzichten. Natürlich werde ich damit die Welt nicht retten und die Verschmutzung nicht aufhalten, doch Veränderung beginnt immer bei einem selbst. Mein Umgang mit sozialen Medien, Nachrichten, Mails und Telefon hat sich rigoros geändert. Oft habe ich mein Handy gar nicht dabei, bei Terminen oder Treffen bleibt es in meiner Tasche. Ich habe auch festgestellt, dass das Checken meiner Mails meine Stimmung stark beeinflusst. Schlechte Nachrichten wirken sich nachteilig auf meine Laune aus, der Druck zurückrufen zu müssen, macht mich nervös, und meine Unruhe überträgt sich auf mein Gegenüber. Die Welt wird nicht zusammenbrechen, wenn ich ein paar Stunden nicht reagiere. Sie hat auch drei Monate ohne mich überlebt, als ich im Busch weilte.

Bei Facebook-Posts überlege ich mir heute genau, was ich mit meinem Posting bezwecken will. Wenn ich erkenne, dass es nur um mein Ego geht, lasse ich es sein. Es soll meinem Leser, meinem Follower nutzen, nicht mein Ego streicheln. Ich bevorzuge jetzt den direkten Kontakt. Fürs Chatten möchte ich keine Zeit aufwenden, das Leben findet im direkten Kontakt statt. Ich möchte keine virtuellen Freunde oder gar Sexroboter haben, ich setze auf den Menschen!

Seit meiner Rückkehr aus Afrika habe ich, der Klamottenjunkie schlechthin, nur ein einziges Kleidungsstück gekauft. Nicht, weil ich es mir nicht leisten kann, denn nachdem ich mein Tief überwunden und meinen Weg wieder gefunden habe, hat sich meine wirtschaftliche Situation rapide verbessert. Kleider sind mir einfach nicht mehr wichtig. Schuhe, die ich früher entsorgt hätte, lasse ich jetzt besohlen, reparaturbedürftige Kleider bringe ich in die Änderungsschneiderei. Möglicherweise habe ich nicht mehr das Bedürfnis zu kompensieren. Ich nehme mir viel Zeit für mich, höre auf meine Wünsche und meine innere Stimme, arbeite weniger. Früher verlangte meine Seele nach einer Entschädigung für meine harte Arbeit.

Ausgehen, Reisen, Unterhaltung, Restaurantbesuche sind für mich wieder besondere Ereignisse. Heute genieße ich bewusst und selektiert ohne Konsumzwang. Ich habe eine Liste mit Dingen erstellt, die ich in meinem Leben noch gern machen möchte, ein oder zwei davon setze ich im Monat in die Realität um. Hier ein paar Beispiel aus der langen Liste meiner Desiderata: Ich habe Tango und Salsa tanzen gelernt, ich singe in einen Chor, ich habe einen Kochkurs besucht, habe mich für einen Schreibkurs angemeldet, um einen Roman schreiben zu lernen.

Dank Afrika habe ich das Kochen wieder für mich entdeckt. Ich liebe es, für meine Gäste zu kochen, aus hochwertigen Lebensmitteln köstliche Gerichte zuzubereiten und mich selbst auf die Probe zu stellen. Wie die Mijikendas glaube ich, dass eine von Einfachheit geprägte Küche völlig ausreicht und den Gaumen kitzelt. Natürlich koche ich kein Ugali mit Beilagen, doch zwei oder drei Gewürze beziehungsweise Beilagen reichen meines Erachtens, um den Geschmacks- und Geruchssinn zu befriedigen.

Natur, Bewegung und Sport sind meine großen Energieoasen geworden. Ich liebe es, in den Sonnenaufgang hineinzujoggen, auf dem See oder dem Meer zu paddeln. Mein Auto, in das ich früher sogar für kürzeste Strecken zum Einkaufen stieg, steht seit Monaten ungenutzt auf dem Parkplatz. Ich laufe viel zu Fuß oder nutze öffentliche Verkehrsmittel, die ich jahrzehntelang gemieden habe. Reflektierend habe ich

keine Ahnung, warum es mir zuwider war, damit herumzu-
fahren. Vielleicht lehnte ich sie ab, weil sie mich als »Durchschnitt« abgestempelt hätten, und bezahlte lieber 40 Franken
am Tag für einen Parkplatz in der Zürcher Innenstadt. Wie
schräg!

Selbsthypnose, Floating und Meditation sind meine täglichen Begleiter. Ich möchte Ruhe und Kongruenz in meinem
Kopf und den Kontakt zu meiner inneren Welt herstellen. Ich
möchte mich gern von der Reizüberflutung unserer Umwelt
befreien und meinen eigenen Lebensrhythmus finden. Die
Ruhe im Kopf wirkt sich auch auf den Körper aus. Ich bin
nicht mehr so angespannt, kann stundenlang einfach nichts
tun, ohne ein schlechtes Gewissen zu haben.

Häufig werde ich gefragt, ob ich nach meinem heutigen
Wissen um die ausgelöste Krise den Trip in den Busch noch
einmal machen würde. Selbstverständlich! Was sollte ich denn
bereuen? Auch wenn ich nach meiner Rückkehr den Boden
unter den Füßen verlor, habe ich unendlich viel gewonnen:
Erfahrung, eine neue Familie, Freunde, bedingungslose Liebe,
Selbstbewusstsein und auch ein neues Wertebewusstsein.

Was bleibt also, wenn alles anders ist? Das nackte, unver-
fälschte Ich.

Was bleibt: Das Leben hat viele Facetten.
Welches Leben möchten Sie leben?

Mein Lebensspruch lautet: Ich mache mir die Welt, wie sie mir
gefällt! Pippi Langstrumpf, die zentrale Figur in Astrid Lind-
grens gleichnamigem Kinderbuch, hat mich als Kind nachhal-

tig geprägt. Ich wollte so sein wie sie, meine Entscheidungen selbst treffen und meine eigene Sicht der Welt entwickeln.

Wahrscheinlich werden Sie nun sagen, dass es leichter gesagt als getan ist: Als Single und nur für sich selbst verantwortlich kann man schon machen, was man will. Doch auch wenn Sie sich für einen Partner beziehungsweise eine Partnerin, für Kinder, für einen Job entschieden haben, so sind es Entscheidungen, die Sie getroffen haben, wiewohl sie nicht in Stein gemeißelt sind. Dazu sollten Sie stehen. Das Recht auf eigene Entscheidungen ist eines der wichtigsten Rechte, die Sie haben. Die Entscheidungen, die Sie treffen, sind Ihre Wahlmöglichkeiten im Leben. Verantwortung für sich und sein Leben zu übernehmen, ist wichtig für ein glückliches, erfülltes Leben. Das Leben fordert uns ständig zu Entscheidungen auf. Denn wer nicht entscheidet, über den wird entschieden!

Viele Menschen, die ihr Potenzial nicht ausleben und unglücklich und energielos durchs Leben gehen, wissen genau, warum es mit der Verwirklichung ihrer Lebensträume nicht geklappt hat. Ein Charakterforscher hat sechzig der geläufigsten Rechtfertigungen dafür zusammengefasst, und Napoleon Hill hat sie in seinem Buch *Denke nach und werde reich* auf den Punkt gebracht. Lesen Sie diese mal durch und markieren Sie, welche »Vorwände« Sie für Ihre Lebensgeschichte gern benutzen.

Wenn ich doch …

1. keine Rücksicht auf meine Familie zu nehmen bräuchte,
2. mehr Energie hätte,
3. genügend Kapital hätte,
4. eine bessere Ausbildung hätte,

5. einen besseren Arbeitsplatz fände,

6. gesünder wäre,

7. Zeit hätte,

8. besser verstanden werden würde,

9. in einer wirtschaftlich besseren Zeit leben würde,

10. in anderen Verhältnissen geboren und leben würde,

11. nochmals von vorne anfangen könnte,

12. auf die Meinung anderer pfeifen könnte,

13. nur eine Chance bekäme,

14. wüsste, was ich wirklich will,

15. nicht alle gegen mich hätte,

16. nicht immer auf Schwierigkeiten und Herausforderungen
stieße,

17. nur jünger und leistungsfähiger wäre,

18. so könnte, wie ich wollte,

19. reichere Eltern gehabt hätte,

20. die richtigen, einflussreichen Leute kennen würde,

21. das Zeug, Talent dazu hätte,

22. größere Durchsetzungsfähigkeiten hätte,

23. nur nicht alles vermasselt hätte,

24. stabilere Nerven im Umgang mit anderen hätte,

25. nur nicht auf die Kinder aufpassen müsste,

26. Geld sparen könnte oder genug zurückgelegt hätte,

27. nur einen anderen Chef hätte,

28. jemand hätte, der mir helfen und mich in den Hintern treten würde,

29. unterstützt werden würde,

30. in einer größeren Stadt wohnte,

31. frei wäre,

32. früher begonnen hätte,

33. die Persönlichkeit von sowieso hätte,

34. schlanker, schöner, schlauer wäre,

35. jemand hätte, der mich entdeckt,

36. Zeit zum Verschnaufen hätte,

37. schuldenfrei wäre,

38. etwas anderes gesagt, getan hätte,

39. wüsste, wie man das anstellt,

40. ernster genommen werden würde und nicht immer die Witzfigur wäre,

41. nicht so viele Sorgen hätte,

42. den richtigen Partner an meiner Seite hätte,

43. cleverere Menschen um mich herum hätte,

44. das Budget meiner Familie besser unter Kontrolle hätte,

45. selbstsicherer wäre,

46. nicht so viel Pech hätte,

47. woanders auf die Welt gekommen wäre,

48. endlich loslegen könnte,

49. nicht so schwer schuften müsste,

50. mein Geld nicht verloren hätte,

51. hier wegziehen könnte,

52. meine Vergangenheit abstreifen könnte,

53. mein eigenes Geschäft hätte,

54. endlich Gehör finden würde,

55. den Mut hätte, mich so zu sehen, wie ich wirklich bin. Dann würde ich auch herausfinden, woran es hapert, und ich könnte daran arbeiten,

56. die Chance hätte, aus meinen Fehlern und aus den Erfahrungen anderer zu lernen,

57. ich da wäre, wo ich gern wäre,

58. studiert hätte,

59. mutiger und tougher wäre,

60. bereit wäre, über meinen eigenen Schatten zu springen.

Haben Sie in dieser Aufzählung Ausreden gefunden, die Sie sich manchmal auch zurechtlegen? Diese Ausreden verfestigen sich in unserem Gehirn und werden irgendwann zu unserer Realität, zur unbewussten Bestätigung unserer eigenen Meinung. Ein früherer Kollege von mir hatte kein Studium absolviert und betonte, er habe lediglich eine Ausbildung gemacht. Obwohl er in seinem Fach hervorragende Leistungen erbrachte, gelang es ihm nicht, die Karriereleiter zu erklimmen. Er bekam immer zu hören, dass sein Ausbildungsniveau leider für eine höhere Position nicht ausreiche. Durch seine Haltung hatte er sich selbst Schaden zugefügt, denn es gibt viele Menschen, die ohne Studium hohe Posten innehaben.

Ein Kunde, der mit 52 Jahren arbeitslos wurde, fand keinen Job mehr, da ihm seine Annahme, in diesem Alter bekomme man keinen Job mehr, zum Verhängnis wurde. Ich kenne viele Menschen, die mit Anfang fünfzig noch eine Chance auf dem Arbeitsmarkt hatten und deren Erfahrung und Wissen sogar hochbezahlt werden.

All diese Ausflüchte haben nur eine Auswirkung: Sie hindern Sie, Ihr Lebensideal zu verwirklichen und Ihr Potenzial auszuschöpfen. Denn in Wahrheit sind SIE das wirkliche, einzige Hindernis auf dem Weg zur Entwicklung des eigenen Leistungspotenzials. Sie entscheiden darüber, wie die Geschichte Ihres Lebens geschrieben wird, welche Menschen Sie mitspielen lassen, wer welche Rolle übernehmen darf, wo und wie Sie leben und welche Gefühle Sie zulassen.

Um einen Zugang zu sich selbst zu finden und ein Leben zu führen, in dem Sie die eigenen Wünsche und Bedürfnisse erkennen und auch leben, müssen Sie nicht unbedingt zu einem Abenteuer in den afrikanischen Busch aufbrechen, wie ich es getan habe. Sie müssen nur anfangen, selbstständig zu denken, zu handeln, Vertrauen in sich und Ihre Fähigkeiten zu haben und die Meinung anderer zu ignorieren. Was wollen Sie wirklich? Was wollen Sie im Leben? Wer sind Sie? Sind Sie wirklich Sie selbst? Welche Potenziale schlummern in Ihnen?

Ich wünsche mir, dass dieses Buch ein Weckruf für Sie ist. Fangen Sie diesen Rettungsring auf und gehen Sie neue Wege. Es ist nie zu spät, das Leben zu leben, das SIE führen möchten! Beherzigen Sie die inspirierenden Worte des Motivationsspeakers und Coachs Les Brown, die den Menschen aufzeigen, wie sie Mittelmäßigkeit hinter sich lassen und ihre wahre Größe leben können: »Verschließe dir nicht selbst die Möglichkeit, einen Traum verwirklichen zu können, indem du nicht an dich und deine Fähigkeiten glaubst. Glaube fest daran, dass du schon jetzt alle Anlagen besitzt, die notwendig sind, um Großes zu erreichen. Gib dir lediglich ein wenig Zeit, um dein volles Potenzial zu entfalten und als Mensch Stück für Stück zu wachsen.«

Sobald Sie realisieren, dass das Leben nicht Ihre Umstände bestimmt, sondern Sie die Umstände Ihres Lebens, fangen Sie an, sich leidenschaftlich dafür einzusetzen, Ihr Leben so zu gestalten, wie Sie es möchten. Und Stück für Stück beginnen Sie, die Vision Ihres perfekten Lebens in die Realität umzusetzen.

NACHWORT

Wenn wir die ganze Menschheit auf ein Dorf von 100 Einwohnern reduzieren, wobei wir auf die Proportionen aller bestehenden Völker achten würden, wäre dieses Dorf als Spiegel der Welt so zusammengestellt:

57 Asiaten, 21 Europäer, 14 Amerikaner, 8 Afrikaner. 52 wären Frauen, 48 wären Männer, 30 davon wären Weiße, 70 hätten andere Hautfarben. 30 wären Christen, 70 würden anderen Religionen angehören, 89 Menschen wären heterosexuell und 11 homosexuell. 6 Menschen würden 59 Prozent des gesamten Reichtums besitzen, und alle 6 Personen kämen aus den USA. 80 Personen würden in maroden Hütten leben, 70 wären Analphabeten, 50 wären unterernährt, 1 würde sterben, 2 würden geboren geworden. Nur 1 hätte einen PC, und 1 hätte einen akademischen Abschluss. So sähe unsere Welt »im Kleinen« aus!

Wenn Sie heute gesund aufgestanden sind, so geht es Ihnen besser als Millionen anderer Menschen, die den nächsten Tag nicht mehr erleben werden. Wenn Sie in einem Land leben, in dem die Menschenrechte geachtet werden, das keinen Krieg führt, demokratisch regiert wird und in dem Sie das Recht auf Mitbestimmung haben, so geht es Ihnen besser als 500 Millionen anderen Menschen. Wenn Sie ein Dach über dem Kopf, einen Platz zum Schlafen, Kleider am Leib und Essen im Kühlschrank haben, so gehören Sie zu den glücklichen 25 Prozent dieses Planeten. Wenn Sie Geld auf der Bank und im Portemonnaie haben, einer Arbeit nachgehen, ihre Talente einsetzen und Ihre Berufung leben dürfen, so gehören Sie zu den 8 Prozent der Weltbevölkerung, die diese Vorzüge genießen dürfen.

Es rührt mich, zu den privilegierten 8 Prozent dieses Planeten zu gehören. Seit meiner Reise in den kenianischen Busch bin ich sehr dankbar, in einem Land wie Deutschland geboren worden zu sein, in dem ich nie Hunger leiden musste, selbstverständlich lesen und schreiben lernen, studieren und einen Beruf ausüben durfte, der auf meine Fähigkeiten abgestimmt ist. Ich bin glücklich darüber, dass ich als alleinstehende, kinderlose Frau von der Gesellschaft akzeptiert werde, reisen darf und alle meine Wünsche verwirklichen kann.

Neben vielen anderen Auswirkungen hat mich meine Reise zu den Mijikendas vor allem in Toleranz üben und mich erkennen lassen, dass es Richtig und Falsch nicht gibt. Dass es so viele Betrachtungsweisen wie Menschen gibt. Dass unsere Wahrnehmung der Welt sehr subjektiv ist und von dem abhängt, was wir denken, uns vorstellen und wünschen, was wir bereits erfahren haben und was wir glauben. Dass man über den Tellerrand schauen und sich in Dankbarkeit üben sollte.

Erweitern Sie Ihren Horizont, gewinnen Sie neue Sichtweisen, seien Sie offen für Neues, seien Sie unvoreingenommen, werten Sie nicht und versuchen Sie zu verstehen, warum die Dinge so sind, wie sie sind. Fangen Sie an, Ihr Traumleben zu verwirklichen!

Danke, dass Sie mir auf den Spuren meiner eindrucksvollen Reise gefolgt sind! Ich würde mich freuen, Anteil an

Ihren Veränderungen nehmen zu dürfen. Schreiben Sie mir unter *info@ts-headworks.de* oder unter *www.facebook.com. tatjanastrobelheadworks/*.

Da ich den persönlichen Kontakt aber noch mehr schätze, lade ich Sie gern in meine Seminar-Finca auf Mallorca, meine Praxis in Zürich oder in die Hypno-Float-Lokalitäten in Deutschland, Spanien oder der Schweiz ein.

Alles Liebe und Gute für Sie!
Herzlichst
Ihre Tatjana Strobel

DANK

Dankbarkeit zu fühlen und sie nicht auszudrücken, ist, wie ein Geschenk zu verpacken und es nicht zu verschenken.

WILLIAM ARTHUR WARD

Ich wurde so reich beschenkt und möchte dafür ein bisschen Dankbarkeit zurückgeben.

Danke an alle, die meine Reise nach Kenia und dieses Buch ermöglicht haben.

Danke an meine neue Familie im Busch, an meine wundervollen Mitbewohner, die das wenige, das sie hatten, mit mir teilten und mich so reich mit Liebe und Erkenntnissen beschenkten.

Danke an die liebvolle Betreuung, lieber Baraka, lieber Rama, lieber Paul, lieber Peter – Ihr wohnt in meinem Herzen!

»Asante Sana« an Mama Pendeza, es gibt keine Worte, um auszudrücken, welche Bedeutung die Zeit bei Euch für mich hatte!

Danke an Barbara Fuhrer und Peter Shehe, ohne Euch wäre dies alles niemals möglich gewesen! Asante!

Danke an den mvg-Verlag und an Frau Eginger! Schön, dass Sie an diese Reise, an dieses Buch geglaubt haben!

Danke an Frau Dr. Viviani für Ihr wunderbares Lektorat!

Danke an alle, die mich mit Geld, Sachspenden und liebevollen Gedanken unterstützt haben:
Boris Udina & sein Adone Team
Robert Adams & sein Filmteam
Flip-Flop GmbH
Garmin Deutschland GmbH
Sailectron e.U. – Custom Marine Electronics/Generalvertretung SOLBIAN Österreich/Deutschland
Stadlbauer Marketing + Vertrieb GmbH
Goal Zero Europe GmbH
Jörg Klausmann
Mehmet Ikisivri
Ute Klötzel
SBB
Pit Offices, Tatjana & Pit Strähl
und viele andere …

DANKE!

Wenn Sie **Interesse** an
unseren Büchern haben,

z. B. als Geschenk für Ihre Kundenbindungsprojekte,
fordern Sie unsere attraktiven Sonderkonditionen an.

Weitere Informationen erhalten Sie von
unserem Vertriebsteam unter +49 89 651285-154

oder schreiben Sie uns per E-Mail an:
vertrieb@mvg-verlag.de

mvgverlag